es 1645

edition suhrkamp

Neue Folge Band 645

W0325261

Die Frage nach Begründung und Funktion des Rechtes und dessen Verhältnis zu Gerechtigkeit ist gegenwärtig zu einem Thema geworden, das nicht allein Juristen und Rechtshistoriker beschäftigt, sondern immer stärker ins Zentrum generell philosophisch-geisteswissenschaftlicher Überlegungen rückt. Jacques Derrida geht im vorliegenden Text auf das Verhältnis von Dekonstruktivismus zu Recht und Gerechtigkeit ein. Kann der Begriff der Gerechtigkeit in dessen Diskurs, der ja jede feststehende Opposition aufzulösen sucht, überhaupt eine Rolle spielen, können die Dekonstruktivisten den Begriffen Recht und Gerechtigkeit sozusagen gerecht werden? Ist nicht vielmehr dieses Analyseverfahren von jedem Diskurs über Gerechtigkeit ausgeschlossen? Jacques Derrida, und dies macht sein Buch für die deutsche Tradition besonders interessant, versucht diese Fragen zu lösen anhand einer Lektüre von Walter Benjamins *Zur Kritik der Gewalt*. Er leistet damit einen substantiellen Beitrag zu den aktuellen rechtsphilosophischen Fragen und weist zugleich Möglichkeit, Notwendigkeit und Gerechtigkeit einer dekonstruktivistischen Lektüre nach.

Jacques Derrida

Gesetzeskraft

Der »mystische Grund der Autorität«

Aus dem Französischen
von Alexander García Düttmann

Suhrkamp

Originaltitel:
Force de loi. Le »fondement mystique de l'autorité«;
zuerst in englischer Übersetzung erschienen in:
Deconstruction and the Possibility of Justice,
published by *The Cardozo Law Review*, vol. 11, July/August 1990,
numbers 5-6, New York.
Für die vorliegende deutsche Ausgabe ist der Text vom Autor
und vom Übersetzer durchgesehen und bearbeitet worden.

edition suhrkamp 1645
Neue Folge Band 645
Erste Auflage 1991
© dieser Ausgabe: Suhrkamp Verlag Frankfurt am Main 1991
Deutsche Erstausgabe
Alle Rechte vorbehalten, insbesondere das
des öffentlichen Vortrags
sowie der Übertragung durch Rundfunk und Fernsehen,
auch einzelner Teile.
Satz: Hümmer, Waldbüttelbrunn
Druck: Nomos Verlagsgesellschaft, Baden-Baden
Umschlagentwurf: Willy Fleckhaus
Printed in Germany
1 2 3 4 5 6 – 96 95 94 93 92 91

Gesetzeskraft

Der »mystische Grund der Autorität«

I[1]

Es handelt sich hier um eine Pflicht: ich muß mich auf Englisch an Sie *richten*, ich muß Sie auf Englisch *anreden* (C'est ici un devoir, je dois m'*adresser* à vous en anglais: dieser Satz soll zunächst auf Französisch vorgelesen werden, dann auf Englisch; beim Sprechen gilt es, das Wort *adresse* hervorzuheben).

Der Titel dieses Colloquiums und das Problem, das ich, um mich eines von Ihnen transitiv gebrauchten Wortes zu bedienen, »address« soll, sind für mich seit Monaten ein Anlaß zum Nachdenken, zum Ausschweifen, zum Träumen. Obwohl man mir die furchteinflößende Ehre einer »keynote address« erweist, habe ich an der Erfindung dieses Titels und an der impliziten Formulierung des Problems keinerlei Anteil. »Deconstruction and the Possibility of Justice«: die Konjunktion »and« assoziiert Wörter, Begriffe, vielleicht sogar Sachen oder Dinge, die kategorial nicht zusammengehören. Eine solche Konjunktion (»and«) wagt es,

1 Mit Ausnahme einiger Anmerkungen, die erst im nachhinein hinzugekommen sind, entspricht dieser Text der Fassung, die während des Colloquiums *Deconstruction and the Possibility of Justice* (Oktober 1989, Cardozo Law School, New York City) vervielfältigt und verbreitet wurde. Jacques Derrida hat bei der Eröffnung dieses Colloquiums nur den ersten Teil des vorliegenden Textes vorgetragen. Aus Mangel an Zeit hat er darauf verzichten müssen, die fortdauernde Arbeit an dem Vortrag abzuschließen; deshalb handelt es sich hier lediglich um eine erste Fassung. Der zweite Teil des Vortrags, jener also, der auf der gerade erwähnten Konferenz diskutiert, nicht aber vorgelesen wurde, diente am 26. April 1990 als Eröffnungsrede bei einem von Saul Friedlander veranstalteten Colloquium (*Nazism and the ›Final Solution‹: Probing the Limits of Representation*), das an der University of California, Los Angeles, stattfand. Es scheint uns angemessen zu sein, am Anfang und am Ende des zweiten Teils die Einführung und den Schluß, die für dieses andere Colloquium geschrieben und der ursprünglichen Textfassung hinzugefügt wurden, zu veröffentlichen. Jacques Derrida möchte Sam Weber für seine Hilfe bei der Durchsicht des Textes danken [der englischen – zweisprachigen – Ausgabe vorangestellte Bemerkung, A. d. Ü.].

die Ordnung, die Taxinomie, die klassifizierende Logik herauszufordern, gleichgültig, ob sie eine analogisierende, eine unterscheidende oder eine entgegensetzende Funktion erfüllt. Ein schlechtgelaunter Redner würde wohl sagen: ich vermag hier keinen Zusammenhang zu erkennen, keine Rhetorik darf sich einem solchen Unternehmen beugen und ihm dienlich sein. Zwar möchte ich durchaus versuchen, von jeder einzelnen Sache oder von jeder einzelnen Kategorie (»Deconstruction«, »possibility«, »justice«) zu reden, ja sogar von jedem einzelnen Synkategorem (»and«, »the«, »of«), keinesfalls aber im Sinne dieser (An)ordnung, dieser Taxis, dieser Taxinomie oder dieses Syntagmas.

Ein solcher Redner wäre nicht nur schlechter Laune [*de mauvaise humeur*], er wäre auch bösgläubig [*de mauvaise foi*]. Und sogar ungerecht. Denn es wäre ein leichtes, eine den Absichten des Titels oder dem von ihm Bedeuteten gerecht werdende Deutung vorzuschlagen – und das heißt in diesem Fall eine angemessene und hellsichtige, also wohl eher argwöhnische Deutung. Der Titel legt eine Frage nahe, die selbst die Gestalt des Argwohns annimmt: Trifft es denn zu, daß die Dekonstruktion die Möglichkeit der Gerechtigkeit sichert, daß sie diese Möglichkeit zuläßt, daß sie ihr stattgibt und sie so autorisiert? Ermöglicht die Dekonstruktion Gerechtigkeit, ermöglicht sie einen Diskurs über die Gerechtigkeit und über die Möglichkeitsbedingungen von Gerechtigkeit? Ja, würden einige antworten; nein, würde die andere »party« entgegnen. Haben die »so called« Dekonstruktionisten zur Gerechtigkeit etwas zu sagen, haben sie mit der Gerechtigkeit etwas zu tun? Weshalb reden sie im Grunde so wenig davon? Interessiert sie das am Ende wirklich? Muß man nicht annehmen, daß die Dekonstruktion, wie manche argwöhnen, es aufgrund ihres Wesens nicht gestattet, eine richtige, gerechte, gesetzesmäßige Handlung auszuführen? Daß sie es nicht erlaubt, der Gerechtigkeit diskursiv gerecht zu werden? Daß sie sogar das Recht gefährdet und bereits die Bedingung der Möglichkeit von Gerechtigkeit zunichte macht? Ja, würden wiederum einige antworten, nein, würde die andere »party« erwidern. Schon im Laufe dieses ersten fiktiven Wortwechsels zeichnet sich zwischen Recht und Gerechtigkeit ein zweideutiges und zweifelhaftes Gleiten ab. Die Unterbrechung, der Schmerz, das Leiden der Dekonstruktion, jenes, an dem sie leidet oder an dem die leiden, die sie leiden läßt, besteht vielleicht in der Abwesenheit einer Regel, einer Norm oder eines gesicherten Kriteriums, die es erlauben, auf eine nicht-äquivoke Weise zwischen Recht und Gerechtigkeit zu unterscheiden.

So sieht die Wahl aus, dies ist das »Entweder... Oder«, das »Ja oder Nein«, von dem ich argwöhne, daß es dem Titel innewohnt. Betrachtet man ihn aus solcher Sicht, trägt er eher gewaltsame, polemische, inquisitorische Züge. Man kann darin irgendein Folterinstrument vermuten und sich davor fürchten – ein Folterinstrument, also eine Art und Weise, Fragen zu stellen, die nicht die angemessenste und auch nicht die gerechteste ist. Ich muß nicht eigens hervorheben, daß ich auf Fragen, die diese Gestalt annehmen (»entweder... oder«, »ja oder nein«), keine Antwort geben kann; zumindest nicht eine Antwort, die eine der beiden Parteien beruhigt oder einer der beiden Erwartungshaltungen entgegenkommt.

Ich muß mich also, ich soll mich (es handelt sich hier um eine Pflicht), auf Englisch an Sie richten (*Je dois donc, c'est ici un devoir, m'adresser à vous en anglais:* dies zuerst auf Französisch, dann auf Englisch vortragen). Ich muß es, ich soll es: damit ist mehreres zugleich gemeint.

1. Ich muß, ich soll [*je dois*] Englisch sprechen (wie kann man dieses *»dois«*, dieses Müssen, dieses Sollen, diese Aufgabe übersetzen? I must? I should, I ought to, I have to?), weil man mich dazu verpflichtet, weil man für mich eine Art Pflicht oder Notwendigkeit daraus macht, eine Bedingung,

die mir von einer Art symbolischer Kraft oder von so etwas wie einer Gesetzeskraft auferlegt wird, in einer Situation, die ich nicht kontrolliere. Eine Art *polemos* zeichnet bereits die Anpassung an eine Sprache, ihre Aneignung aus: Wenn ich überhaupt Gehör finden und verstanden werden will, muß ich Ihre Sprache sprechen, ich muß es und ich soll es tun, ich bin es schuldig.

2. Ich muß, ich soll Ihre Sprache sprechen: denn was ich in Ihrer Sprache sagen kann, wird angemessener [*plus juste*] sein, man wird es für angemessener [*plus juste*] halten, man wird es besser, richtiger beurteilen und genauer, angemessener [*plus justement*] einschätzen: *juste* meint in diesem Zusammenhang die Angemessenheit, die Richtigkeit, die Angleichung zwischen dem, was ist, und dem, was ausgesagt oder gedacht wird, zwischen dem, was ausgesagt, und dem, was verstanden wird, ja zwischen dem, was gedacht und dem, was von der Mehrheit der Anwesenden, die hier offensichtlich disponieren, gebieten, ihr Gesetz diktieren [*font la loi*], ausgesagt oder aufgenommen wird. *»Faire la loi«* (»making the law«) ist ein interessanter Ausdruck, auf den wir noch zurückkommen müssen.

3. Ich muß, ich soll in einer Sprache sprechen, die nicht meine eigene Sprache ist, weil dies angemessener, richtiger ist und ich (Ihnen) damit eher gerecht werde [*plus juste*]; das Wort *juste* wird jetzt in einem anderen Sinne gebraucht, im Sinne der Gerechtigkeit, in einem Sinn, von dem wir, ohne zunächst allzusehr darüber nachzudenken, behaupten, daß er ein juridisch-politisch-ethischer Sinn ist: Es ist richtiger, angemessener, die Sprache der Mehrheit zu sprechen, man wird der Mehrheit eher gerecht [*plus juste*], vor allem wenn sie dem Fremden das Wort überläßt und so ihre Gastfreundschaft erweist. Wir beziehen uns hier auf ein Gesetz, das man nur schwer bestimmen kann: handelt es sich um Schicklichkeit, um Höflichkeit, um das Gesetz des Stärkeren oder um das unparteiische, gerecht ausgleichende Ge-

setz der Demokratie? Verweist dieses Gesetz auf die Gerechtigkeit oder gehört es zum Recht? Damit ich mich diesem Gesetz beuge, damit ich es annehme, müssen freilich noch einige Bedingungen erfüllt werden: ich muß zum Beispiel auf eine Einladung antworten und meinen Wunsch, hier zu sprechen, äußern – niemand hat mich, wie es scheint, dazu gezwungen. Zugleich aber muß ich zumindest in einem gewissen Maße fähig sein, den Vertrag und die Bedingungen des Gesetzes zu verstehen: ich muß mir also Ihre Sprache aneignen können, ich muß zumindest eine minimale Kenntnis dieser Sprache erwerben; zumindest in dieser Hinsicht ist sie dann für mich keine Fremdsprache mehr. Sie und ich selbst, wir müssen die Übersetzung meines zunächst auf Französisch geschriebenen Textes auf ungefähr gleiche Weise verstehen; so vorzüglich diese Übersetzung auch ist (ich möchte an dieser Stelle Mary Quaintance dafür danken), sie bleibt zwangsläufig eine Übersetzung, das heißt ein zwar immer möglicher, aber stets unzureichender, unvollkommener Kompromiß zwischen zwei Sprachen.

Diese Frage der Sprache und des Idioms wird zweifellos im Mittelpunkt dessen stehen, was ich Ihnen heute abend vortragen möchte, um Sie zu einer Diskussion anzuregen, um sie anzuregen, darüber zu diskutieren.

Ihre Sprache kennt eine bestimmte Anzahl idiomatischer Wendungen, die mir immer recht kostbar erschienen sind, weil es im Französischen keine genaue Entsprechung für sie gibt. Bevor ich anfange, möchte ich mindestens *zwei* solche Wendungen nennen. Sie stehen in einem Bezug zu dem, was ich heute abend versuchsweise sagen möchte.

A. *»To enforce the law«*, oder auch: *»enforceability* of the law or of the contract«: so lautet die erste Wendung. Wenn man »to enforce the law« ins Französische übersetzt und zum Beispiel mit »appliquer la loi« wiedergibt, geht die unmittelbare oder wörtliche Anspielung auf die Gewalt verloren: auf die Gewalt, die uns von innen her daran erinnert, daß das Recht stets eine Gewalt ist, der man stattgegeben, die man autorisiert hat, eine gutgeheißene, gerechtfertigte Gewalt, eine Gewalt, die sich durch ihre Anwendung rechtfertigt oder die von ihrer Anwendung rechtfertigt wird, selbst wenn diese Rechtfertigung ihrerseits ungerecht ist oder sich nicht rechtfertigen läßt. Die Anwendbarkeit, die »enforceability« ist keine äußere oder sekundäre Möglichkeit, die zusätzlich, als Supplement zu dem Recht hinzukommen mag. Sie ist die Gewalt, die wesentlich in dem Begriff der *Gerechtigkeit als Recht* einbegriffen ist: in dem Begriff der Gerechtigkeit, die zum Recht wird, in dem Begriff des Gesetzes als Recht (ich möchte hier schon insistieren, um einen Raum zu schaffen, welcher der Möglichkeit einer Gerechtigkeit, ja eines Gesetzes vorbehalten bleibt, die nicht nur das Recht übersteigen oder ihm widersprechen, sondern die vielleicht keinerlei Bezug zum Recht haben, oder die in einem derart seltsamen Bezug zum Recht stehen, daß sie es erforderlich machen und zugleich ausschließen können). Das Wort »enforceability« erinnert daran, daß es kein Recht gibt, das nicht *in sich selbst*, *a priori*, *in der analytischen Struktur seines Begriffs die Möglichkeit einschließt*, »enforced«, also mit oder aufgrund von Gewalt angewendet zu werden. Sicherlich gibt es Gesetze, die nicht angewendet werden, es gibt aber kein Gesetz ohne Anwendbarkeit und keine Anwendbarkeit oder »enforceability« des Gesetzes ohne Gewalt – mag diese Gewalt unmittelbare Gewalt sein oder nicht, mag sie physische oder symbolische, äußere oder innere, zwingende oder regulative Gewalt sein, brutal oder auf subtile Weise diskursiv und hermeneutisch usw.

Wie soll man zwischen dieser Gewalt, dieser Kraft [*force*] des Gesetzes, dieser »Gesetzeskraft«, wie man im Französischen und ebenso – wenn ich mich nicht irre – im Englischen sagt, und einer Gewalt(tätigkeit) [*violence*], die man immer für ungerecht hält, unterscheiden? Welcher Unterschied besteht zwischen einer Gewalt, die gerecht und angemessen sein kann, von der sich auf jeden Fall behaupten läßt, sie sei legitim, einer Gewalt, die nicht einfach ein Instrument im Dienste des Rechts ist, sondern die vielmehr dessen Erfüllung, dessen Wesen darstellt, jenes, wodurch es sich geltend macht – und einer Gewalt(tätigkeit) [*violence*], die man immer für ungerecht hält? Was ist eine gerechte Gewalt, eine Gewalt, die nicht gewalttätig ist? Um bei der Frage nach den Eigentümlichkeiten einer Sprache zu bleiben, möchte ich auf ein deutsches Wort zurückkommen, das uns bald sehr beschäftigen wird: das Wort *Gewalt**. Im Französischen und im Englischen wird es häufig mit dem Wort »violence« übersetzt. Der Text Benjamins, von dem ich noch sprechen werde und der den Titel *Zur Kritik der Gewalt** trägt, heißt in der französischen Übersetzung »Critique de la violence«, in der englischen »Critique of Violence«. Aber diese beiden Übersetzungen, die nicht einfach unangemessen oder ungerecht, also nicht einfach gewaltsam sind, erscheinen als äußerst aktive Interpretationen, die der Tatsache nicht gerecht werden, daß *Gewalt** für die Deutschen auch die Bedeutung einer legitimen Gewalt oder Macht, einer Amtsgewalt, einer öffentlichen, staatlichen Gewalt annimmt. Die *gesetzgebende Gewalt** nennt die Legislatur, die *geistliche Gewalt** meint die Kirche, die *Staatsgewalt** die Macht und die Autorität des Staates. Das Wort *Gewalt** vereint folglich zwei Bedeutungen: die der Gewalt(tätigkeit/samkeit) [*violence*] und die einer legitimen Macht, einer gerechtfertigten Autorität. Wie soll man einen Unterschied machen zwischen der Gesetzeskraft [*force de loi*] einer legitimen Gewalt oder Macht und der angeblich ursprünglichen Gewalt(tat) [*violence*], die diese Gewalt oder Macht instauriert haben muß und die sich selber nicht auf eine vorgängige Rechtmäßigkeit berufen konnte, so daß sie in diesem anfänglichen

* Hier und im folgenden im Original deutsch. (A. d. Ü.)

Augenblick weder rechtmäßig noch unrechtmäßig war, andere würden überstürzt sagen: weder gerecht noch ungerecht? Vor einigen Tagen habe ich in Chicago einen Vortrag über verschiedene Texte Heideggers gehalten[2], in denen die Wörter *Walten** und *Gewalt** eine entscheidende Rolle spielen: man kann ihren Sinn weder mit »force« [Gewalt] noch mit »violence« [Gewalt(tätigkeit/samkeit)] wiedergeben; Heidegger setzt in diesem Zusammenhang (in dem Zusammenhang, in dem diese Wörter stehen) alles daran, nachzuweisen, daß *Diké* (die Gerechtigkeit, das Recht, der Prozeß, das Urteil oder die Züchtigung, die Rache usw.) ursprünglich und zum Beispiel für Heraklit nichts anderes ist als *Eris* (der Konflikt im Sinne des *Streits**, die Zwietracht, der *polemos* oder der *Kampf**), das heißt also auch nichts anderes als *Adikia* (die Ungerechtigkeit). Ich möchte diesen Vortrag hier absichtlich beiseite lassen, obwohl sein Gegenstand mit dem vorliegenden verwandt ist; wir können, wenn Sie es wünschen, in der Diskussion darauf zurückkommen, aber ich möchte es jetzt lieber nicht tun.

Da dieses Kolloquium der Dekonstruktion und der Möglichkeit der Gerechtigkeit gewidmet ist, möchte ich an erster Stelle Ihnen ins Gedächtnis zurückrufen, daß in vielen Texten, die man als dekonstruktiv(istisch) bezeichnet, besonders in jenen, die ich selber veröffentlicht habe, auf das Wort »force« [Gewalt, Kraft] rekurriert wird: ein ausgesprochen häufiger, ich würde sogar behaupten ein an strategisch entscheidenden Stellen praktizierter Rekurs, zugleich aber ein Rekurs, der stets von einem expliziten Vorbehalt, von einer Warnung begleitet wird. Was die Risiken betrifft, die man eingeht, wenn man dieses Wort gebraucht (sei es das Risiko, das ein dunkler, substantialistischer, okkult-mystischer Begriff darstellt, sei es das Risiko, das die Autorisation einer gewaltsamen Kraft, einer ungerechten, ungeregelten, willkürlichen Gewalt involviert), so habe ich sehr oft zur

2 Vgl. unten, Anm. 24.

Wachsamkeit aufgerufen, ich habe mich selbst ermahnt, wachsam zu sein. Ich werde diese Texte nicht zitieren, denn das wäre selbstgefällig und würde zu einem Zeitverlust führen; ich bitte Sie jedoch, mir Glauben zu schenken. Eine Vorsichtsmaßregel, die man als erstes gegen die substantialistischen oder irrationalistischen Risiken, die ich soeben hervorgehoben habe, treffen muß, leitet sich gerade aus dem differentiellen Charakter der Kraft und der Gewalt [*force*] ab. Es geht mir immer um die differentielle Kraft und Gewalt, um die Differenz als Kraftdifferenz oder als Differenz der Gewalt, um die Kraft und die Gewalt als *différance* oder als Kraft und Gewalt der *différance* (die *différance* ist eine aufgeschobene-verzögerte-abweichende-aufschiebende-sich unterscheidende Kraft oder Gewalt [*force différée-différante*]); es geht mir um die Beziehung zwischen der Kraft (Gewalt) und der Form, der Kraft (Gewalt) und der Bedeutung; es geht mir um die »performative« Kraft (Gewalt), die illokutionäre oder perlokutionäre Kraft (Gewalt), um die persuasive und rhetorische Kraft (Gewalt), um die Kraft (Gewalt) der Bejahung und Behauptung einer Signatur, aber auch und vor allem um all jene paradoxen Situatonen, in denen die größte Kraft (Gewalt) und die größte Schwäche sich seltsam kreuzen und in einem denkwürdigen gegenseitigen Austausch stehen. Darum geht es, das ist die ganze Geschichte. Freilich bleibt es dabei, daß ich mich bei dem Wort Kraft (Gewalt), das mir häufig unentbehrlich erschienen ist, nie wohl gefühlt habe; ich danke Ihnen also, mich heute zu nötigen [*forcer*], ein wenig mehr darüber zu sagen. Das gilt ebenfalls für die Gerechtigkeit. Es gibt sicherlich ausreichend Gründe dafür, daß die Mehrheit der Texte, die man hastig als »dekonstruktivistische« Texte identifiziert (etwa meine eigenen), *den Anschein erwecken* (ich unterstreiche dies), als würden sie das Thema der Gerechtigkeit als solches (eben als Thema) nicht in ihren Mittelpunkt stellen (und ebensowenig das der Ethik oder das der Politik). Selbstverständlich *handelt es sich dabei bloß um einen Anschein*; man lese *zum Beispiel* (ich beschränke mich auf dieses Beispiel) die zahlreichen Texte, die Lévinas und der vielschichtigen Beziehung zwischen »Gewalt und Metaphysik« gewidmet sind; jene, die der Rechtsphilosophie gelten (die Gerechtigkeit ist ein zentrales Motiv in *Glas* [Totenglocke], einem Buch, das um die Hegelsche Rechtsphilosophie und deren Nachkommenschaft kreist); man beachte die Texte schließlich, die sich mit dem Machttrieb und den Paradoxien der Macht auseinandersetzen (*Spéculer – sur Freud* [Spekulieren – über Freud]), mit dem Gesetz (*Préjugés: devant la loi* [Vor-urteile: vor dem Gesetz], ein Text über Kafkas »Vor dem Gesetz«; *Déclaration d'Indépendance* [Unabhängigkeitserklärung]; *Admiration de Nelson Mandela ou les lois de la réflexion* [Die Bewunderung Nelson Mandelas oder Die Gesetze der Reflexion] usw.).[3] Es muß nicht eigens gezeigt werden, daß die Diskurse über die doppelte Bejahung, über die Gabe jenseits des Tauschs und der Verteilung, über das Unentscheidbare, das Unermeßbare oder das Unberechenbare, über die Singularität, die Differenz und die Heterogenität, ebenso Diskurse sind, die von Anfang bis Ende mindestens einen Seitenblick auf die Gerechtigkeit werfen.

Im übrigen war es normal, vorhersehbar, wünschens-

3 Nachweise: Jacques Derrida, *Gewalt und Metaphysik. Essay über das Denken Emmanuel Lévinas'*, in: ders., *Die Schrift und die Differenz*, Frankfurt am Main 1976; Jacques Derrida, *Glas*, Paris 1974 [englische Ausgabe: Nebraska University Press, 1986 und 1990]; Jacques Derrida, *Spekulieren – über Freud*, in: *Die Postkarte*, Zweite Lieferung, Berlin 1988; Jacques Derrida, *Préjugés*, in: *Spiegel und Gleichnis. Festschrift für Jakob Taubes*, Berlin 1983 (erweiterte französische Ausgabe in: *La faculté de juger*, hg. von J.-F. Lyotard, Paris 1985); Jacques Derrida, *Déclaration d'Indépendence*, in: ders., *Otobiographies. L'enseignement de Nietzsche et la politique du nom propre*, Paris 1984 (deutsche Teilübersetzung: *Nietzsches Otobiographie oder Politik des Eigennamens*, in: *Fugen. Deutsch-Französisches Jahrbuch für Text-Analytik*, Olten 1980); Jacques Derrida, *Die Bewunderung Nelson Mandelas oder Die Gesetze der Reflexion*, in: *Für Nelson Mandela*, Reinbek bei Hamburg 1987. (A. d. Ü.)

wert, daß Untersuchungen dekonstruktiven Stils in das Problemfeld des Rechts, des Gesetzes und der Gerechtigkeit einmünden. Dieses Feld wäre sogar ihr eigentlicher Ort, der Ort, wo sie am ehesten zu Hause sind, wenn es denn so etwas gibt wie einen eigenen Ort. Ein dekonstruktives Fragen, das (so hat es sich tatsächlich zugetragen) damit anhebt, den Gegensatz zwischen *nomos* und *physis* oder zwischen *thesis* und *physis* aus dem Gleichgewicht zu bringen und komplizierter zu gestalten, das also den Gegensatz zwischen dem Gesetz, der Konvention, der Institution einerseits und der Natur andererseits sowie all die Gegensätze, die davon abhängen (beispielsweise – dies ist jedoch nur ein Beispiel – den Gegensatz zwischen positivem Recht und Naturrecht), destabilisiert (die *différance* verschiebt, verlagert, verlegt diese oppositionelle Logik), ein dekonstruktives Fragen, das (so hat es sich tatsächlich zugetragen) damit anhebt, bestimmte Werte aus dem Gleichgewicht zu bringen, komplizierter und paradoxer zu fassen, etwa die Werte des Eigenen und des Eigentums (und zwar in all ihren Registern), oder die Werte des Subjekts (des verantwortlichen Subjekts, des Rechtssubjekts, des moralischen Subjekts, der Rechtsperson) und der Intentionalität, die Werte endlich, die mit den aufgezählten zusammenhängen, ein solches dekonstruktives Fragen ist in seiner ganzen Spannbreite ein Fragen, welches das Recht und die Gerechtigkeit betrifft. Es betrifft die Grundlagen des Rechts, der Moral und der Politik, ohne selber aber ein be-gründendes Verfahren zu sein oder sich gegen die Be-gründung zu richten. Es ist ein Fragen, das keineswegs darauf verzichtet, jene Gelegenheiten wahrzunehmen, die es ihm gestatten, die Möglichkeit oder die letzthinnige Notwendigkeit des Fragens selbst, der Frageform, die das Denken annimmt, in Frage zu stellen oder zu übersteigen. Vorurteilsfrei und ohne falsche Zuversicht prüft es die Geschichte und die philosophische Autorität der Frage. Die Form des Fragens, des fragenden

Vorgehens verfügt nämlich über eine Autorität, also über eine legitime Kraft (Gewalt), die uns vor die Frage nach ihrer eigenen Herkunft stellt: woher stammt eine derart große Kraft (Gewalt), wovon zehrt sie in unserer Tradition?

Gäbe es für diese dekonstruktive »Erfragung« oder Meta-Erfragung einen ihr zubestimmten, eigenen Ort (genau dies aber ist unmöglich), so wäre sie wohl eher in den »law schools« *at home* (oder vielleicht auch in den Instituten für Theologie und Architektur, wo sie zuweilen beheimatet ist) als in den philosophischen Fakultäten; vor allem wäre sie jedoch eher dort zu Hause als in den literaturwissenschaftlichen Fachbereichen, in deren Grenzen man sie häufig hat halten wollen. Deshalb denke ich, daß die Entwicklung der »critical legal studies« und der Arbeiten, die dort entstehen, wo die Literatur, die Philosophie, das Recht und die politisch-institutionellen Probleme sich kreuzen und wechselseitig bedingen (genannt seien die Autoren Stanley Fish, Barbara Herrnstein-Smith, Drucilla Cornell, Sam Weber), eine der gegenwärtig fruchtbarsten und notwendigsten Entwicklungen ist; ich behaupte dies vom Standpunkt einer bestimmten Dekonstruktion aus, auch wenn ich die Innenansicht dieser Entwicklung nicht wirklich kenne, auch wenn ich keinerlei Vertrautheit mit ihr beanspruchen kann (was ein Schuldgefühl in mir aufkommen läßt). Es handelt sich um eine Entwicklung, die, wie mir scheint, den radikalsten Programmen der Dekonstruktion genügt; sie genügt einer Dekonstruktion, die im Sinne ihrer eigenen Konsequenz nicht in rein spekulativen, theoretischen und akademischen Diskursen eingeschlossen bleiben möchte, und die (Stanley Fish möge sich daran nicht stoßen) den Anspruch erhebt, Folgen zu haben, die Dinge zu *ändern* und auf eine Weise einzugreifen, die wirksam und verantwortlich ist, mag sie zugleich auch sehr vermittelt sein: einzugreifen nicht nur im beruflichen Bereich, sondern ebenfalls in dem, was man den bürgerlichen, städtischen Raum *[cité]*, die *polis* und allgemeiner noch die Welt nennt. Es geht nicht um eine Veränderung in dem zweifellos ein wenig naiven Sinne eines berechenbaren, beabsichtigten und strategisch kontrollierten Eingriffs; es geht vielmehr um eine Veränderung im Sinne einer maximalen Intensivierung der Verwandlungen, die gerade geschehen, im Sinne einer Intensivierung, die weder ein bloßes Symptom noch einfach eine Ursache ist (an dieser Stelle sind andere Kategorien erforderlich). In einer hyper-technologisierten Industriegesellschaft gleicht der akademische Raum weniger denn je einem monadisch oder klösterlich umfriedeten Ort: das kann man besonders an den »law schools« ablesen (er hat im übrigen nie eine solche Gestalt angenommen).

Ich beeile mich, in drei kurzen Bemerkungen Folgendes hinzuzufügen:

1. Eine Dekonstruktion, deren Stil eher philosphisch ist oder die von der Literaturtheorie sich anregen läßt, verbindet sich mit einer juridisch-literarischen Reflexion und den »Critical Legal Studies«: diese Konjunktion oder diese Konjunktur ist sicherlich unvermeidbar.

2. Es ist wohl kaum ein Zufall, daß diese zusammenfügende Konjunktion, diese Konjunktion, die jetzt als solche erscheint, gerade in diesem Lande sich auf eine derart interessante Weise entfaltet. Dies ist ein anderes Problem, ein dringliches Problem und ein Problem, dem man sich mit Leidenschaft zuwenden kann; ich muß es aufgrund des Zeitmangels beiseite schieben. Zweifelsohne gibt es tiefe und komplizierte Gründe für den Umstand, daß die Entwicklung, die ich meine, zunächst und vor allem in Nordamerika stattfindet: unter solchen Gründen verstehe ich jene, die von globaler, weltumspannender Tragweite sind, die also eine geopolitische und nicht nur eine häusliche Dimension in sich bergen.

3. Wenn es besonders dringend anmutet, dieser Entwick-

lung zusammengefügter oder konkurrierender Ausrichtungen Aufmerksamkeit zu schenken, wenn man es für besonders dringend erachtet, an dieser Entwicklung teilzunehmen, so ist es ebenso lebenswichtig und unumgänglich, daß man Diskurse, Stile, diskursive Kontexte, die in hohem Maße heterogen und ungleich sind, nicht einfach einander angleicht. In manchen Fällen könnte das Wort »Dekonstruktion« zu einer solchen Verwirrung führen oder dazu ermutigen, eine solche Verwirrung zu schaffen. Das Wort selbst verursacht bereits derartige Mißverständnisse, daß man nicht noch weitere hinzufügen sollte, indem man etwa die verschiedenen Stile der Critical Legal Studies ihrer Differenz beraubt oder indem man sie in Beispiele, in Verlängerungen DER Dekonstruktion verwandelt. Sie mögen mir zwar wenig vertraut sein, ich weiß jedoch, daß die Arbeiten der Critical Legal Studies eine eigene Geschichte, einen eigenen Kontext, eine eigene Sprache haben und daß sie im Vergleich zu einem bestimmten philosophisch-dekonstruktiven Fragen zuweilen ungleichmäßig, schüchtern, tastend, schematisch sind (ich bediene mich dieser Attribute, um mich kurz zu halten); sie zeichnen sich manchmal sogar durch eine gewisse Rückständigkeit aus, obwohl sie doch wiederum aufgrund ihrer Spezialisierung und der Schärfe ihrer technischen Kompetenz dieser oder jener Verfassung der (literarischen oder philosophischen) Dekonstruktion gegenüber weit voraus sind. Die Beachtung der kontextuellen, der akademisch-institutionellen, der diskursiven Besonderheiten, das Mißtrauen gegenüber den Analogismen und den übereilten Transpositionen, gegenüber den verwirrenden Angleichungen scheinen mir in der gegenwärtigen Phase die obersten Imperative zu sein. Ich hoffe zumindest, daß wir nach diesem Treffen nicht nur die Begegnung, das Zusammentreffen und den Konsens im Gedächtnis zurückbehalten werden, sondern ebenfalls die Differenzen und den Widerstreit.

Ich sagte es soeben: In jenen Ausprägungen, die man mit ihrem Namen versieht und die am bekanntesten sind, hat die Dekonstruktion nur dem Anschein nach das Problem der Gerechtigkeit nicht »adress(iert)« (wie man im Englischen sagt). Das ist nur ein Anschein, doch muß man über den Schein Rechenschaft ablegen, man muß dem Wort des Aristoteles zufolge den Schein retten; ich möchte versuchen, dies hier zu tun: zeigen, warum und wie *Die* Dekonstruktion (wie es gewöhnlich heißt) bislang nichts anderes getan hat als das, was sie dem Anschein nach nicht getan hat: das Problem der Gerechtigkeit zu »adress(ieren)«; sie hat es getan, ohne es auf direktem Wege tun zu können, sie hat es auf vermittelte Weise [*oblique*] getan. Auf vermittelte Weise wie jetzt auch, in diesem Augenblick, da ich den Nachweis dafür liefern möchte, daß man nicht *unmittelbar*, *auf direkte Weise* von der Gerechtigkeit sprechen kann: man kann die Gerechtigkeit nicht thematisieren oder objektivieren, man kann nicht sagen »dies ist gerecht« und noch weniger »ich bin gerecht«, ohne bereits die Gerechtigkeit, ja das Recht zu verraten.[4]

B. Aber ich habe noch nicht begonnen. Ich habe damit begonnen, Ihnen zu sagen, daß ich mich in Ihrer Sprache an Sie richten muß und soll; dann habe ich sogleich behauptet, daß es mindestens zwei Wendungen gibt, die Ihrer Sprache eigentümlich sind und die mir immer sehr kostbar erschienen sind, sogar unersetzbar. »To enforce the law« lautete die eine Wendung: sie erinnert uns daran, daß die Gerechtigkeit, die vielleicht nicht dasselbe ist wie das Recht oder das Gesetz, nur dann rechtens zur Gerechtigkeit, nur dann zur Gerechtigkeit des Rechts werden kann, wenn sie über Kraft verfügt und Gewalt in sich birgt; nur dann, wenn sie von Anbeginn

4 Zur Frage des Indirekten, auf Umwegen oder schräg von der Seite Kommenden [*l'oblique*], siehe: Jacques Derrida, *Du droit à la philosophie* [Vom Recht auf/zur Philosophie], Paris 1990, vor allem S. 71 f. und ders., *Passions. An oblique Offering*, in: D. Wood (Hg.), *Derrida. A Critical reader*, erscheint bei Blackwell, London. (A. d. Ü.)

an, mit ihrem ersten Wort bereits nach Gewalt rufen, die Kraft anrufen kann. »Am Anfang der Gerechtigkeit (der Rechtsprechung) wird der Logos gewesen sein, die Sprache«; dies widerspricht nicht zwangsläufig einem anderen *incipit*: »Am Anfang wird die Kraft (Gewalt) gewesen sein.«

In einem Fragment, in einem seiner berühmten »Gedanken« [*pensées*], deren Schwierigkeitsgrad höher ist als man gemeinhin annimmt, stellt Pascal genau diese Behauptung auf; ich werde später vielleicht darauf zurückkommen. Der »Gedanke« beginnt mit folgenden Worten: »*Gerechtigkeit* [justice], *Kraft/Gewalt* [force]. – Es ist gerecht und angemessen, daß jenes, was gerecht und angemessen ist, befolgt wird; es ist notwendig, daß man jenem folgt, was stärker und kräftiger ist.« Der Anfang dieses Fragments ist bereits ein großartiger Anfang, zumindest, wenn man die Strenge und die Schärfe der Rhetorik in Betracht nimmt. Gesagt wird, daß jenes, was gerecht und angemessen ist, befolgt werden muß und soll (es muß Folgen haben, Wirkungen zeitigen, angewendet, *enforced* werden, man muß ihm konsequenterweise folgen), und daß man dem Stärksten und Kräftigsten ebenfalls folgen muß (es muß Folgen haben, Wirkungen zeitigen usw.). Anders formuliert: das gemeinsame Axiom besagt, daß man dem Gerechtesten, dem Angemessensten und dem Stärksten, dem Kräftigsten folgen *muß und soll*, dem Gerechtesten und Angemessensten (sowohl) als (auch) dem Kräftigsten und Stärksten. Dieses »man muß und soll (be)folgen«, dem Gerechtesten, Angemessensten und dem Kräftigsten, Stärksten gemeinsam, ist in dem einen Fall »gerecht«, »angemessen«, im anderen »notwendig«: »Es ist gerecht und angemessen [*juste*], daß jenes, was gerecht und angemessen ist, befolgt wird [das heißt: der Begriff oder die Idee des *juste* im Sinne der Gerechtigkeit impliziert analytisch und a priori, daß es »befolgt«, enforced, wird, daß es Folgen hat, und es ist *juste*, auch im Sinne der Angemessenheit, daß man so denkt,

J. D.]; es ist notwendig, daß man jenem folgt [daß jenes *enforced* wird, J. D.], was stärker und kräftiger ist.«

»Die Gerechtigkeit ohne Kraft (Gewalt)«, fährt Pascal fort, »ist kraftlos, ohnmächtig [das heißt, daß die Gerechtigkeit nur dann das ist, was sie ist, daß nur dann Gerechtigkeit widerfahren kann, wenn sie die Kraft hat, »enforced« zu werden; eine ohnmächtige, kraftlose Gerechtigkeit (Rechtsprechung) kann nicht zur Rechtsprechung dienen, J. D.]; Kraft (Gewalt) ohne Gerechtigkeit ist tyrannisch. Gerechtigkeit ohne Kraft (Gewalt) wird nicht anerkannt, weil es immer Bösewichte gibt; Kraft (Gewalt) ohne Gerechtigkeit wird angeklagt. Man muß also Gerechtigkeit und Kraft (Gewalt) zusammenstellen, damit was gerecht und angemessen auch stark und kräftig, was stark und kräftig auch gerecht und angemessen ist.«[5] Das »man muß« dieser Schlußfolgerung (»Man muß also Gerechtigkeit und Kraft (Gewalt) zusammenstellen«) läßt sich nicht leicht bestimmen: wird es von dem vorgeschrieben, was an der Gerechtigkeit gerecht und angemessen ist, oder von dem Kräftigen und Starken der Kraft (Gewalt)? Dieses Zögern bleibt jedoch gegenstandslos, weil die Gerechtigkeit als solche den Rekurs auf Gewalt (Kraft) erfordert. Das Gerechte und Angemessene der Gerechtigkeit impliziert folglich die Notwendigkeit der Gewalt (Kraft).

Dieser Gedanke (jenes, was – aus – ihm folgt und ihn beschließt: »Da man nicht hat erreichen können, daß das Gerechte und Angemessene auch stark und kräftig ist, hat man dafür gesorgt, daß das Starke und Kräftige gerecht und angemessen ist«) verdient eine lange Analyse, der ich mich an dieser Stelle nicht zu widmen vermag. Das Prinzip meiner Analyse oder vielmehr meiner aktiven, niemals gewaltfreien Interpretation – das Prinzip dieser Interpretation, die

5 Derrida zitiert folgende Ausgabe: Pascal, *Pensées et opuscules*, édition L. Brunschvicg, Paris 1912 [sämtliche Pascal-Zitate sind neu übersetzt worden, A. d. Ü.]; an dieser Stelle wird der Gedanke Nr. 298, S. 470 zitiert.

ich im Laufe meines Vortrags wohl letztlich auf *indirekte Weise* vorbringen werde, wird sich, vor allem im Falle des Pascalschen Gedankens, der Tradition und dem traditionellen Kontext, dessen Evidenz am sinnfälligsten ist, widersetzen. Dieser stark ausgeprägte Kontext und die konventionelle Interpretation, die durch ihn vorgegeben ist und die von ihm bestimmt wird, sind auf einen Konventionalismus gerichtet, sie führen zu einer Art pessimistischem, relativistischem und empiristischem Skeptizismus, der zum Beispiel Arnaud veranlaßt hat, diesen Gedanken aus seiner Port-Royal-Ausgabe zu streichen – mit der Behauptung, Pascal habe während der Niederschrift unter dem Eindruck einer Lektüre Montaignes gestanden, demzufolge die Gesetze nicht als solche gerecht sind, sondern einzig deshalb, weil sie Gesetze sind. Es stimmt, daß Montaigne einen interessanten Ausdruck gebraucht, den Pascal dann übernimmt; auch ihn möchte ich neu interpretieren, um ihn der konventionellsten und konventionalistischsten aller Lesarten zu entziehen. Der Ausdruck lautet: »der mystische Grund [oder die mystische Begründung: *fondement mystique*] der Autorität«. In dem Pascalschen Gedanken, der die Nummer 293 trägt[6], wird Montaigne zitiert, aber nicht genannt. Pascal schreibt: »[...] der eine sagt, daß das Wesen der Gerechtigkeit in der Autorität des Gesetzgebers besteht, der andere dagegen, daß jenes, was dem Souverän zweckdienlich ist, dieses Wesen ausmacht; ein dritter schließlich meint, daß die Gerechtigkeit in den jeweils geltenden Gewohnheiten ihr Wesen hat. Diese Meinung ist wohl jene, die am ehesten zutrifft: folgt man nämlich der Vernunft, gibt es nichts, was von sich aus gerecht ist. Alles gerät mit der Zeit in Bewegung. Weil sie übernommen wird, bestimmt die Gewohnheit gänzlich die Gerechtigkeit: das ist der mystische Grund ihrer Autorität (ihrer Anerkennung und ihren Ansehens). Wer sie auf ihr Prnzip zurückführt, zerstört sie.«

6 Ebd., S. 467.

Montaigne redet in der Tat von einem »mystischen Grund« der Autorität, also des Ansehens und der Anerkennung der Gesetze: »Die Gesetze genießen ein dauerhaftes Ansehen und verfügen über einen Kredit, nicht etwa, weil sie gerecht sind, sondern weil sie Gesetze sind: das ist der mystische Grund ihrer Autorität; es gibt keinen anderen [...] Wer immer auch den Gesetzen gehorcht, weil sie gerecht sind, folgt ihnen nicht auf angemessene Weise, so, wie er ihnen folgen soll und muß.«[7]

Offenbar unterscheidet Montaigne hier die Gesetze, das heißt das Recht, von der Gerechtigkeit. Die Gerechtigkeit des Rechts, die Rechtsprechung, die Gerechtigkeit als Recht ist nicht (dasselbe wie) die Gerechtigkeit. Als Gesetze sind die Gesetze nicht gerecht und angemessen. Man folgt und gehorcht ihnen nicht, weil sie gerecht und angemessen sind, sondern weil sie über Ansehen und Anerkennung verfügen, weil ihnen Autorität innewohnt.

Schritt für Schritt werde ich erläutern, was ich unter dem Ausdruck »der mystische Grund der Autorität« verstehe. Montaigne hat auch folgende Sätze geschrieben, die man ebenfalls so deuten muß, daß man weiter blickt als bloß auf die konventionelle und konventionalistische Oberfläche, die sie uns zukehren: »(man sagt, daß unser Recht selber legitime Fiktionen beinhaltet, auf denen es die Wahrheit seiner Gerechtigkeit – seiner Rechtsprechung [*justice*] – gründet)«. Dieses Wort habe ich einem Text vorangestellt, der (Kafkas) *Vor dem Gesetz* zum Gegenstand hat. Was ist eine legitime Fiktion? Was heißt: die Wahrheit der Gerechtigkeit – der Rechtsprechung – begründen? Diese beiden Fragen gehören zu jenen, die uns erwarten. Montaigne stellt

7 Montaigne, *Essais* III, XIII (»De l'expérience« – Von der Erfahrung), in: *Œuvres*, édition de La Pléiade; texte établi et annoté par A. Thibaudet, Paris 1950, S. 1203 [sämtliche Montaigne-Zitate sind neu übersetzt worden, A. d. Ü.]. Zu diesem Begriff des Kredits, vgl. Jacques Derrida, *Donner le temps, I: La fausse monnaie* [Zeit geben. I: Das Falschgeld], Paris 1991.

zwischen der legitimen Fiktion (zwischen der Fiktion, deren es zwangsläufig bedarf, um die Wahrheit der Gerechtigkeit – der Rechtsprechung – zu begründen) und dem zusätzlichen Kunstgriff, den ein Mangel der Natur erforderlich macht, eine Analogie her: so, als würde die Abwesenheit eines Naturrechts den Zusatz an historischem oder positivem, das heißt fiktionalem Recht herbeirufen; in diesem Sinne – es handelt sich um Montaignes eigene Analogie – »gebrauchen die Frauen an jenen Stellen, wo sie keine natürlichen Zähne mehr haben, Zähne aus Elfenbein, und benützen fremde Stoffe, um ihren wahren Teint durch einen anderen, von ihnen hergestellten zu ersetzen [...]«.[8]

Pascals Gedanke, der, nach seinen eigenen Worten, die Gerechtigkeit und die Kraft (Gewalt) »zusammenstellt«, und der die Kraft (Gewalt) in eine Art wesentliches Prädikat der Gerechtigkeit verwandelt (*justice* bedeutet hier aber eher Recht als Gerechtigkeit), hat vielleicht eine Tragweite, die ihn jenseits des konventionalistischen oder utilitaristischen Relativismus führt, jenseits eines alten oder modernen Nihilismus, der von dem Gesetz nichts zurückbehält als ein »masked power«, jenseits der zynischen Moral der Lafontainschen Fabel *Der Wolf und das Lamm*, die uns lehrt, daß »der Stärkste immer recht hat«.

Die Pascalsche Kritik verweist *ihrem Prinzip nach* auf den Sündenfall, auf das Verderben der von der Natur vorgegebenen Gesetze, das von einer selber verdorbenen Vernunft verursacht wird (»Zweifellos gibt es von Natur aus Gesetze; aber unsere edle Vernunft hat alles verdorben«[9]; an anderer Stelle: »Unsere Gerechtigkeit, unser Recht wird vor der göttlichen Gerechtigkeit zunichte.«[10] Ich zitiere diese Gedanken, um die Lektüre des Benjaminschen Aufsatzes vorzubereiten).

8 Montaigne, a. a. O., S. 601.
9 Pascal, a. a. O., S. 466 (Gedanke Nr. 294).
10 Ebd., S. 435 (Gedanke Nr. 233).

Wenn man jedoch die funktionale Schicht und Spannkraft von Pascals Kritik isoliert, wenn man sie von ihrem christlichen Pessimismus dissoziiert, was durchaus möglich ist, dann kann man, wie übrigens auch bei Montaigne, auf die Prämissen einer modernen kritischen Philosophie stoßen, ja auf eine Kritik der rechtlichen Ideologie: Eine Freilegung, eine Loslösung, eine Abtragung der Sedimente des rechtlichen Überbaus, dessen Strukturen die ökonomischen und politischen Interessen der herrschenden gesellschaftlichen Kräfte verbergen und zugleich spiegeln, wäre nicht nur möglich, sondern immer auch nützlich.

Jenseits seines Prinzips, jenseits des begrenzten Bereichs, den man als den seiner Zugehörigkeit erkennt, rührt eben dieser Pascalsche Gedanke vielleicht an eine Struktur, die weitaus bezeichnender und wesentlicher ist und die eine Kritik der rechtlichen Ideologie niemals aus den Augen verlieren darf. Das Aufkommen des Rechts und der Gerechtigkeit, von denen Pascal redet, das Moment der Stiftung, der (Be)gründung, der Rechtfertigung des Rechts impliziert eine performative Kraft (Gewalt), das heißt es impliziert regelmäßig eine deutende Kraft (Gewalt): jetzt nicht in dem Sinne, daß das Recht einer Macht dient, daß es ein folgsames, unterwürfiges und also äußerliches Instrument der herrschenden Mächte ist, sondern in dem, daß es mit der sogenannten Kraft, Gewalt, Macht, Gewalttätigkeit in einem Verhältnis steht, das tiefer ins Innere reicht und eine höhere Komplexität aufweist. Die Gerechtigkeit im Sinne des Rechts (»right or law«) würde aus solcher Sicht nicht einfach in den Dienst einer gesellschaftlichen (etwa ökonomischen, politischen, ideologischen) Kraft oder Macht gestellt, die außerhalb ihrer selbst Bestand hätte oder ihr selbst gegenüber vorgängig wäre, einer Kraft oder Macht, der sie sich beugen oder an die sie sich anpassen müßte, in dem Maße nämlich, in dem sie nützlich oder brauchbar sein könnte. Das Moment ihrer Stiftung, ihrer (Be)gründung oder ihrer Institutionalisierung (das niemals dem gleichmäßigen Gewebe einer Geschichte eingeflochten ist, da es die Gestalt einer Entscheidung hat und dieses Gewebe zerreißt), das Vorgehen, das das Recht stiftet, (be)gründet, eröffnet, rechtfertigt, das das Gesetz diktiert, wäre ein Gewaltakt, eine performative und also deutende Gewalt, in sich selbst weder gerecht noch ungerecht; eine Gewalt, die ihrer eigenen Definition gemäß von keiner vorgängigen Justiz, von keinem vorgängigen Recht, von keiner im vorhinein stiftenden Justiz, von keinem im vorhinein stiftenden Recht, von keiner bereits bestehenden Stiftung oder Gründung verbürgt, in Abrede gestellt oder für ungültig erklärt werden könnte. Kein rechtfertigender Diskurs kann oder darf die Rolle einer Metasprache übernehmen und dafür sorgen, daß sie gesprochen wird, wenn es um die Performativität der instituierenden Sprache oder um deren vorherrschende Deutung geht.

An diesem Punkt stößt der Diskurs auf seine Grenze: in sich selbst, in seinem eigenen performativen Vermögen, in seiner performativen Kraft oder Macht. Ich schlage vor, daß man dies hier das Mystische nennt. Die gewaltsame Struktur der stiftenden Tat birgt ein Schweigen: ein Schweigen ist darin eingeschlossen oder vermauert. Vermauert, von Mauern umgeben, weil dieses Schweigen der Sprache nicht äußerlich bleibt. Ich wäre versucht, jenes, was Montaigne und Pascal den mystischen Grund der Autorität nennen, in dieser Richtung, in diesem Sinne zu interpretieren. Stets wird man das was ich hier sage oder tue, auf das zurückbeziehen oder gegen das kehren können, was ich eben sage (was eben so geschieht, am oder im Ursprung aller Institutionen). Das Wort »mystisch« würde ich also so gebrauchen, daß es einen wittgensteinischen Anklang erhält (ich riskiere es, auf diese Weise die Richtung anzugeben, in die ich es wenden würde). Die fraglichen Texte Montaignes und Pascals, die Tradition, der sie angehören, wie auch die ein wenig aktive Interpretation, die ich vorschlage, könnten in die Auseinandersetzung einbezogen werden, auf die sich Stanley Fish in seinem Aufsatz *Force*[11] einläßt: eine Auseinandersetzung mit Hart *(The Concept of Law)* und mit einigen anderen (mit Rawls, der selber von Hart kritisiert wird). Sie könnten ebenfalls zu einem Bestandteil der Debatten werden, auf die Sam Weber Licht wirft, in jenen Texten nämlich, die seine Sammlung *Institution and Interpretation*[12] enthält und die sich mit dem agonistischen und nicht bloß intra- oder monoinstitutionellen Charakter bestimmter Konflikte beschäftigen.

Weil sie sich definitionsgemäß auf nichts anderes stützen können als auf sich selbst, sind der Ursprung der Autorität, die (Be)gründung oder der Grund, die Setzung des Gesetzes in sich selbst eine grund-lose Gewalt(tat). Das bedeutet nicht, daß sie an sich ungerecht sind (im Sinne von »unrechtmäßig«). Im gründenden Augenblick, in dem Augenblick, der ihr eigener Augenblick ist, sind sie weder recht- noch unrechtmäßig. Sie gehen über den Gegensatz, der zwischen dem Ge- oder Begründeten und dem Un-be-gründeten besteht, hinaus, sie übersteigen den Gegensatz zwischen dem, was (be)gründen will, und dem, was sich gegen alle (Be)gründung richtet. Selbst wenn das Gelingen performativer Akte, die das Recht begründen (solcher Akte zum Beispiel – dies ist jedoch mehr als nur ein Beispiel –, die den Grund für den Staat als Rechtsgaranten legen), vorgängige Bedingungen und Übereinkünfte voraussetzen (etwa im nationalen oder internationalen Raum), wird die nämliche »mystische« Grenze sich dort wieder bemerkbar machen, wo diese Bedingungen, Regeln, Konventionen und deren vorherrschende Deutung ihren Ursprung haben.

Die Struktur, die ich gerade beschreibe, ist eine Struktur, in der sich das Recht seinem Wesen nach dekonstruieren

11 Vgl. Stanley Fish, *Doing What Comes Naturally*, Durham & London 1989, S. 503-524.

12 Vgl. Samuel Weber, *Institution and Interpretation*, Minneapolis 1987.

läßt: entweder, weil es in Text-Schichten gründet, die man deuten und verwandeln kann (das ist die Geschichte des Rechts, seine mögliche und notwendige Verwandlung, manchmal sogar seine Verbesserung), oder weil sein letzter Grund per definitionem grund-los, un-be-gründet ist. Daß sich das Recht dekonstruieren läßt, ist kein Unglück. Man kann darin auch die politische Chance historischen Fortschritts erblicken. Doch das Paradoxon, das ich in die Diskussion einbringen möchte, hat folgende Gestalt: Weil sie sich dekonstruieren läßt, sichert die Struktur des Rechts oder – wenn Sie wollen – der Gerechtigkeit, der Justiz als Recht, die Möglichkeit der Dekonstruktion. Wenn es so etwas gibt wie die Gerechtigkeit als solche, eine Gerechtigkeit außerhalb oder jenseits des Rechts, so läßt sie sich nicht dekonstruieren. Ebensowenig wie die Dekonstruktion selbst, wenn es so etwas gibt. Die Dekonstruktion ist die Gerechtigkeit. Vielleicht verhält es sich gerade so, weil sich das Recht (ich werde versuchen, es regelmäßig von der Gerechtigkeit zu unterscheiden) konstruieren läßt, in einem Sinne, der den Gegensatz zwischen Konvention und Natur übersteigt; vielleicht läßt es sich konstruieren, weil es diesen Gegensatz übersteigt, und vielleicht läßt es sich deshalb auch dekonstruieren, oder besser: ermöglicht es die Dekonstruktion, das Praktizieren einer Dekonstruktion, die im Grunde stets Rechtsfragen, Fragen der Rechtmäßigkeit und der Berechtigung, Fragen, die das Recht betreffen, aufwirft. 1. Das Sich-dekonstruieren-Lassen, die Dekonstruktibilität des Rechts, der Legalität, der Legitimität oder der Legitimation (zum Beispiel) ermöglicht die Dekonstruktion. 2. Das Sich-nicht-dekonstruieren-Lassen der Gerechtigkeit ermöglicht ebenfalls die Dekonstruktion, ja läßt sich von ihr nicht unterscheiden. 3. Konsequenz: die Dekonstruktion ereignet sich in dem Zwischenraum, der die Unmöglichkeit einer Dekonstruktion der Gerechtigkeit von der Möglichkeit der Dekonstruktion des Rechts, von der legitimierenden oder legitimierten Autorität trennt. Als Erfahrung des Unmöglichen ist sie, selbst wenn es sie (noch) oder nie gibt, dort möglich, wo es Gerechtigkeit gibt. Überall dort, wo man das X der Gerechtigkeit ersetzen, übersetzen, festsetzen kann, sollte man sagen: Die Dekonstruktion ist in dem Maße / dort als unmögliche mögliche, in dem / wo *es X (Undekonstruierbares) gibt*; sie ist also in dem Maße / dort möglich, in dem / wo *es gibt* (dies ist das Undekonstruierbare).

Mit anderen Worten: Die Hypothese oder die Aussagen, denen ich mich hier tastend annähere, tragen eher den Untertitel »Die Gerechtigkeit als Möglichkeit der Dekonstruktion, die Struktur des Rechts oder des Gesetzes, der (Be)gründung, der Auto-Autorisation oder der Selbst-Ermächtigung des Rechts als Möglichkeit einer Ausübung der Dekonstruktion«. Ich bin sicher, daß dies (noch) nicht deutlich ist, ich hoffe, ohne freilich sicher sein zu können, daß es bald ein wenig deutlicher werden wird.

Ich habe also gesagt, daß ich noch nicht begonnen habe. Vielleicht werde ich nie anfangen, vielleicht wird dieses Colloquium eine »keynote« entbehren müssen – dennoch habe ich bereits angefangen. Ich erlaube mir, ich ermächtige mich selbst – habe ich das Recht dazu? –, die Umwege und die protokollarischen Formeln zu vermehren. Ich habe mit der Behauptung angefangen, daß ich zumindest von zwei Ihrer Sprachwendungen, zwei Wörter oder Ausdrücke, die Ihrer Sprache eigentümlich sind, eingenommen bin. Das eine Wort lautet »enforceability«, das andere ist das Verb »to adress«, das transitiv gebraucht wird. Im Französischen richtet man sich [*s'adresser*] an jemanden, man richtet [*adresser*] an jemanden das Wort oder einen Brief (*adresser* wird also auch transitiv gebraucht), ohne jemals sicher sein zu können, daß das Wort oder der Brief ihr Ziel – dem sie zugeschickt werden – erreichen; man kann jedoch nicht sagen: *adresser un problème*. Auch »adressierte« man nicht jemanden. Heute abend habe ich mich vertraglich dazu verpflichtet, ein Problem auf Englisch »zu adressieren«, das heißt: ich habe mich dazu verpflichtet, geradewegs auf das Problem zuzugehen, das Thema ausdrücklich zu behandeln, ohne mich auf Umwege zu begeben; ich habe mich verpflichtet, Ihnen in dieser Weise entgegenzukommen und mich in Ihrer Sprache an Sie zu richten. Zwischen dem Recht(en), dem Geraden, der Richtigkeit der Anrede *[adresse]*, der Richtung und der Rechtschaffenheit müßte eine gerade, direkte Linie der Kommunikation verlaufen: wenn man auf sie stößt, müßte man sich dort befinden, wo es in die richtige Richtung geht. Weshalb steht die Dekonstruktion (zu Recht oder zu Unrecht) in dem Ruf, die Dinge von der Seite anzugehen, indirekt, im Stil indirekter Rede von ihnen zu handeln, sie mit »quotation marks« zu versehen und immer nachzufragen, ob sie auch dort ankommen, wo sie ankommen sollen, an der angegebenen Adresse? Ist dieser Ruf berechtigt, hat sie ihn verdient? Und selbst wenn sie ihn nicht verdient hat, welche Erklärung gibt es dafür, daß sie in einem solchen Ruf steht?

Der Umstand, daß ich die Sprache des anderen spreche und meine eigene aufgebe, daß ich mich zum anderen begebe, daß ich mich ihm ergebe, ihm hingebe, stellt bereits eine eigenartige Mischung aus Kraft, Gewalt, Richtigkeit, Genauigkeit, Treffsicherheit, Recht und Gerechtigkeit dar.

Es handelt sich um eine Pflicht: Ich muß, ich soll die unendlichen, unzähligen Probleme, die der Titel *Deconstruction and the Possibility of Justice* in sich birgt (unzählig aufgrund ihrer Anzahl, unzählig in ihrer Geschichte und Struktur), auf Englisch »adressieren«, wie Sie in Ihrer Sprache sagen. Wir wissen es jedoch schon: diese Probleme sind nicht einfach deshalb unzählig oder unendlich, weil ihre Anzahl so groß ist oder weil sie in der aller Eingrenzbarkeit trotzenden Unendlichkeit des Gedächtnisses und der Kulturen (die von der Religion, der Philosophie, dem Recht, usw. gebildet werden) wurzeln. Sie sind, wenn man sich so ausdrücken kann, in sich selbst unendlich, da sie die Erfahrung der Aporie fordern, die mit dem, was ich gerade das Mystische genannt habe, in einem Zusammenhang steht. Wenn ich sage, daß sie die Erfahrung der Aporie selbst fordern, meine ich zwei verschiedene Sachverhalte: 1. Eine Erfahrung ist eine Reise, ein Durchqueren – das Wort »Erfahrung« [*expérience*] zeigt dies an –; die Erfahrung bahnt sich einen Weg quer hindurch, sie reist zu einem Ziel und findet zu diesem Zweck den Weg, die Bahn, den Durchgang. Sie findet einen Durchgang, einen Zugang, sie schafft es, sich einen Weg zu bahnen, es ist möglich, eine Erfahrung zu machen: die Erfahrung ist möglich. Deshalb kann es keine wahre, volle Erfahrung der Aporie geben; die Aporie versperrt den Durch- oder Zugang. Eine *aporia* ist das, was kein Weg ist. Aus solcher Sicht wäre die Gerechtigkeit die Erfahrung dessen, wovon wir keine Erfahrung machen können. Wir werden bald auf mehrere Aporien stoßen, ohne sie umgehen oder über sie hinweg-, hindurchgehen zu können. Aber 2. glaube ich, daß es ohne diese Erfahrung keine Gerechtigkeit gibt, ohne diese unmögliche Erfahrung der Aporie. Die Gerechtigkeit ist eine Erfahrung des Unmöglichen. Ein Gerechtigkeitswille, ein Gerechtigkeitswunsch, ein Gerechtigkeitsanspruch, eine Gerechtigkeitsforderung, deren Struktur nicht in einer Erfahrung der Aporie bestünden, hätten keine Chance jenes zu sein, was sie sein wollen: ein gerechter, angemessener Ruf nach Gerechtigkeit. Wann immer auch die Dinge einen geraden Verlauf nehmen und alles gut geht, wann immer auch man eine gute, brauchbare Regel auf einen besonderen Fall anwendet, auf ein Beipiel, das man richtig subsumiert hat, einem bestimmenden Urteil gemäß, kann man davon überzeugt sein, daß vielleicht das Recht einen Vorteil davon hat, nicht aber die Gerechtigkeit. Das Recht ist nicht die Gerechtigkeit. Das Recht ist das

Element der Berechnung; es ist nur (ge)recht, daß es ein Recht gibt, die Gerechtigkeit indes ist unberechenbar: sie erfordert, daß man mit dem Unberechenbaren rechnet. Die aporetischen Erfahrungen sind ebenso unwahrscheinliche wie notwendige Erfahrungen der Gerechtigkeit, das heißt jener Augenblicke, da die Entscheidung zwischen dem Gerechten und dem Ungerechten von keiner Regel verbürgt und abgesichert wird.

Ich muß, ich soll mich also an Sie *richten* [*m'adresser*] und Probleme »adressieren«, ich muß, ich soll mich dabei kurz fassen, ich muß, ich soll es in einer fremden Sprache tun. Um mich kurz fassen zu können, muß ich so direkt wie möglich reden, geradewegs (auf Sie zu) [*tout droit*], ohne Umwege, ohne historisches Alibi, ohne mich von der Seite her zu nähern, auf Sie zugehend, auf Sie, die ersten vermeintlichen Empfänger oder Adressaten dieses Diskurses, aber auch zugleich in Richtung auf jenen Ort, wo die fraglichen Probleme sich wesentlich entscheiden. Wie die Richtung, wie die Richtigkeit, verrät auch das Sich-richten-an etwas, was mit dem Recht zu tun hat, mit dem, was man nicht verfehlen darf, wenn man Gerechtigkeit will, wenn man sich gerecht oder angemessen zu verhalten sucht; das ist die Richtigkeit des Sich-richtens-an [*adresse*]. Man darf es nicht an Höflichkeit fehlen lassen, man muß sich richtig, auf rechte Weise an den anderen richten, es muß jemanden geben, an den man sich richtet, *il ne faut pas manquer d'adresse*, würde ich auf Französisch sagen. Man darf sich nicht auf falsche, unrichtige, unrechte Weise an jemanden richten, man darf sich nicht an die falsche Adresse wenden. Jedesmal handelt es sich um ein besonderes Sich-richten-an, um eine besondere Adresse, um eine besondere Bestimmung. Das Sich-richten-an, die Adresse oder der Adressat sind stets besonders, eigentümlich, sie haben stets eine ihnen eigene Sprache; in der Gestalt des Rechts scheint die Gerechtigkeit aber die Allgemeinheit einer Regel, einer

Norm oder eines universalen Imperativs vorauszusetzen. Wie soll man den Akt der Justiz [*acte de justice*], der stets ein Besonderes in einer besonderen Lage betrifft, Individuen, Gruppen, unersetzbare Existenzen, mich, *einen/den/als* anderen, mit der Regel, der Norm, dem Wert oder dem Imperativ der Justiz in Einklang bringen, wenn diese zwangsläufig eine allgemeine Form aufweisen, mag es sich auch um eine Allgemeinheit handeln, die eine jeweils besondere Anwendung vorschreibt? Begnüge ich mich damit, eine angemessene, richtige Regel anzuwenden, ohne Gerechtigkeitssinn und ohne jedesmal die Regel und das Beispiel gleichsam zu erfinden, werde ich vielleicht vom Recht gedeckt, werde ich dem objektiven Recht gemäß handeln, aber ich werde nicht gerecht sein. Kant würde sagen, daß ich *pflichtmäßig* handle, nicht aber *aus* Pflicht, *aus Achtung* vor dem Gesetz. Kann man je sagen, daß eine Handlung nicht nur rechtmäßig, sondern auch gerecht ist? Daß eine Person nicht nur ihr Recht wahrnimmt, sondern auch sich gerecht verhält? Daß jemand, daß eine Entscheidung gerecht ist? Kann man je sagen: ich weiß, daß ich gerecht bin? Gestatten Sie mir, mich auf einen weiteren Umweg zu begeben.

Sich an den anderen in der Sprache des anderen zu richten, ist, wie es scheint, die Bedingung jeder möglichen Gerechtigkeit; anscheinend läßt sich dies jedoch nicht mit aller erforderlichen Strenge durchführen (ich kann nämlich die Sprache des anderen einzig in dem Maße sprechen, in dem ich sie mir aneigne und sie mir nach dem Gesetz eines eingeschlossenen Dritten anverwandle); es ist sogar deshalb ausgeschlossen, weil die Gerechtigkeit in der Gestalt des Rechts ein Element der Allgemeinheit impliziert: den Rekurs auf ein Drittes, das die Einseitigkeit oder die Besonderheit der jeweils eigenen Sprachen aufhebt.

Wenn ich mich auf Englisch an jemanden richte, ist dies für mich immer eine Prüfung. Ich stelle mir vor, daß es dem Empfänger, dem Adressaten – Ihnen nicht anders ergeht.

Anstatt Ihnen den Grund dafür zu nennen und mit solchen Erklärungen Zeit zu verlieren, beginne ich *in medias res*, und zwar mit einigen Bemerkungen, die in meinen Augen die peinigende Ernsthaftigkeit dieses Sprachproblems an die Frage der Gerechtigkeit und ihrer Möglichkeit binden.

Erste Bemerkung: Auf der einen Seite scheint es *uns* (aus grundlegenden Erwägungen) richtig, angemessen, gerecht zu sein, daß man »Recht spricht«, *rendre la justice*, wie es im Französischen heißt: in einer gegebenen, besonderen Sprache, in einer Sprache, von der man annimmt, daß alle betroffenen »Subjekte« sie beherrschen; alle betroffenen »Subjekte« sind dazu fähig, zu verstehen und zu deuten, jene also, die Gesetze festsetzen, jene, die urteilen, und jene, die verurteilt werden, jene, die Zeugen im weiten, und jene, die Zeugen im engen Sinne sind, jene schließlich, die sich dafür verbürgen und dafür sorgen, daß das Recht ausgeübt werden kann. Es ist ungerecht, jemanden zu verurteilen (beurteilen), der die Sprache nicht versteht, der das Gesetz einbeschrieben, in der es niedergeschrieben ist, in der das Urteil ergeht usw. Wir könnten dramatische Beispiele aufzählen, die uns Situationen der Gewalt vor Augen führen, in denen einzelne oder Gruppen verurteilt werden, ohne daß sie die besondere Sprache verstehen, deren sich jene bedienen, die sie verurteilen; zuweilen verstehen sie diese Sprache kaum, manchmal aber auch überhaupt nicht. So wenig die subtilen Unterschiede ins Gewicht fallen mögen, die über die Fähigkeit entscheiden, eine besondere Sprache zu beherrschen: das Gewaltsame, das die Ungerechtigkeit auszeichnet, läßt sich bereits dort ausmachen, wo die besondere Sprache nicht allen Mitgliedern einer Gemeinschaft in gleicher Weise zu eigen ist, wo nicht alle den gleichen Anteil an ihr haben. Da eine solche ideale Situation streng gesprochen sich nie herstellen läßt, nie möglich ist, kann man bereits einen Schluß ziehen, der jenes betrifft, was der Titel unseres Colloquiums »die Möglichkeit der Gerechtigkeit«

nennt. Das Gewaltsame der Ungerechtigkeit, die darin besteht, daß man die verurteilt, die die besondere Sprache nicht verstehen, in der Recht gesprochen wird und Gerechtigkeit widerfahren soll (im Französischen sagt man: *justice est faite*), ist nicht unbedeutend, und es ist auch nicht einfach das Gewaltsame einer unbedeutenden Ungerechtigkeit. Diese Ungerechtigkeit supponiert, daß der andere, das Opfer der Ungerechtigkeit der Sprache, fähig ist, eine Sprache im allgemeinen zu sprechen; daß das Opfer ein Mensch im Sinne eines sprechenden Tieres ist, in dem Sinne, den wir Menschen dem Wort »Sprache« verleihen. Vormals (das waren Zeiten, die noch nicht allzu weit zurückliegen und die sogar noch andauern) bedeutete »wir Menschen« soviel wie »wir erwachsenen weißen männlichen fleischessenden opferbereiten Europäer«.

In dem Raum, dem ich diese Bemerkungen zuordne oder in dem ich diesen Diskurs wiederherstelle, sagt man nicht, daß einem Tier Unrecht oder Gewalt angetan wird; noch weniger redet man von Gewalt und Ungerechtigkeit im Hinblick auf Pflanzen und Steine. Man kann ein Tier quälen, man kann es leiden lassen; niemals wird man jedoch im eigentlichen Sinne behaupten, daß es sich um ein Subjekt handelt, dem man Schaden zugefügt hat, um das Opfer einer Gewalttat, eines gewaltsamen Todes, einer Vergewaltigung oder eines Raubs, eines Meineids; a fortiori gilt, wie man glaubt, daß man so auch nicht über Pflanzen und Mineralien (oder über dazwischenliegende Arten wie den Schwamm) reden kann. Es hat im Menschengeschlecht viele »Subjekte« gegeben (es gibt sie immer noch), die man nicht als solche anerkannt hat (und nicht anerkennt) und die wie ein Tier behandelt worden sind (und behandelt werden). Das ist die noch anhaltende, noch nicht an ihr Ende gelangte Geschichte, auf die ich gerade angespielt habe. Was den unbestimmten, keineswegs eindeutigen Namen des Tiers erhält (das bloß Lebendige), ist kein Subjekt des Gesetzes oder des Rechts. Es hat keinen Sinn, den Gegensatz zwischen dem Rechten und dem Unrechten, dem Rechtmäßigen und dem Unrechtmäßigen, dem Gerechten und dem Ungerechten auf es beziehen zu wollen. Ob es sich nun um Tier-Prozesse handelt (die es gegeben hat) oder um die Strafverfolgung derer, die Tieren bestimmte Leiden zufügen (manche westliche Gesetzgebung sieht diese Form der Strafverfolgung vor und spricht nicht allein von Menschenrechten, sondern auch von Tierrechten im allgemeinen), in jedem Fall hat man es entweder mit einer angeblich altertümlichen Praktik zu tun oder mit Randphänomenen, mit noch seltenen und seltsamen Phänomenen, mit Phänomenen, die für unsere Kultur nicht konstitutiv sind. In unserer Kultur ist das Opfer des Fleischessers, das Fleischesser-Opfer grundlegend und vorherrschend; es richtet sich an der gewaltigsten industriellen Technologie aus, so wie das biologische Experimentieren mit Tieren, das für unsere Moderne so lebenswichtig ist. Wie ich an anderer Stelle zu zeigen versucht habe[13], ist das Fleischesser-Opfer der Struktur von Subjektivität wesentlich; es ist wesentlich für die Begründung, für den Grund des intentionalen Subjekts, und wenn nicht für das Gesetz, so doch zumindest für das Recht. Es tut sich hier ein Abgrund auf, der es verwehrt, den Unterschied zwischen Gesetz und Recht, zwischen Gerechtigkeit und Recht, zwischen Gerechtigkeit und Gesetz zu festigen. Ich nähere mich ihm im Augenblick nicht; auch der Affinität zwischen dem Fleischesser-Opfer, das unsere Kultur und unser Recht (be)gründet, und den symbolischen (oder nicht symbolischen) Gestalten des Kannibalismus,

13 Zum Problem des *Tiers* vgl. Jacques Derrida, *Vom Geist. Heidegger und die Frage*. Aus dem Französischen von Alexander García Düttmann, Frankfurt am Main 1988. Zahlreiche Belegstellen finden sich in diesem Buch, vor allem im 6. Kapitel, S. 58 ff. Zum Problem des *Opfers* vgl. Jacques Derrida, *›Il faut bien manger‹ ou le calcul du sujet*, entretien avec Jean-Luc Nancy [›Man muß wohl – ordentlich – essen‹ oder das Kalkül – der Stein – des Subjekts, ein Gespräch mit Jean-Luc Nancy], in: *Confrontation*, Nr. 20, Paris 1989.

welche die Intersubjektivität beim Säugen, bei der Liebe, bei der Trauer und eigentlich bei allen symbolischen oder sprachlichen Aneignungen strukturieren, nähere ich mich hier nicht.

Wenn wir von Ungerechtigkeit, von Gewalt und von Mangel an Respekt sprechen wollen und dabei das meinen, was wir auf eine noch verwirrend-verworrene Weise »das Tier« nennen (dieses Problem ist aktueller denn je, ich möchte es im Zuge der Dekonstruktion mit einer ganzen Reihe von Fragen verknüpfen, die den Phallogozentrismus des Fleischessers, den Fleisch-Phallogozentrismus betreffen), so müssen wir die gesamte metaphysisch-anthropozentrische Axiomatik neu untersuchen, die im Abendland das Denken des Angemessenen und des Unangemessenen, des Gerechten und des Ungerechten beherrscht.

An dieser Stelle, da wir nur einen ersten Schritt tun, zeichnet sich bereits eine erste Konsequenz ab: eine dekonstruktive Annäherung an die Grenzen, die das menschliche Subjekt (vornehmlich und paradigmatisch den erwachsenen Mann, ihn jedenfalls eher als die Frau, das Kind oder das Tier) zum Maßstab des Angemessenen und des Unangemessenen, des Gerechten und des Ungerechten machen, führt nicht zwangsläufig zur Ungerechtigkeit und auch nicht dazu, daß der Gegensatz zwischen dem Angemessenen und dem Unangemessenen, zwischen dem Gerechten und dem Ungerechten getilgt wird; eine solche Annäherung führt vielleicht im Namen einer Gerechtigkeitsforderung, die größer ist und die sich noch weniger zufriedenstellen läßt, zu einer neuen Deutung des be- und eingrenzenden Apparates, der es einer Geschichte und einer Kultur ermöglicht hat, ihre Kriteriologie zu umschließen. Im Sinne der Hypothese, die ich jetzt nur oberflächlich streife, entspricht das, was man geläufig unter Dekonstruktion versteht, nicht etwa einer beinahe nihilistischen Abdankung, die dort erfolgt, wo die ethisch-politisch-juristische Frage nach der Gerechtigkeit sich stellt und der Gegensatz zwischen dem Angemessenen und dem Unangemessenen, dem Gerechten und dem Ungerechten relevant wird (eine derartige Vorstellung von der Dekonstruktion entspringt einer Verwirrung: manche verbreiten sie, weil sie daran interessiert sind, Verwirrung zu stiften) – sondern einer doppelten Bewegung, deren Form ich auf folgende Weise beschreiben möchte:

1. Als Sinn für eine grenzenlose und folglich notwendig übermäßige, unberechenbare Verantwortung gegenüber dem Gedächtnis; also als Aufgabe, die Geschichte, den Ursprung, den Sinn, will sagen die Grenzen der Begriffe der Gerechtigkeit, des Gesetzes, des Rechts, und die Grenzen der Werte, der Normen, der Vorschriften ins Gedächtnis zurückzurufen: die Grenzen der Begriffe und der Werte, die sich (im Laufe dieser Geschichte) durchgesetzt und sedimentiert haben, die mehr oder weniger lesbar sind, die in höherem oder in geringerem Maße vorausgesetzt werden. Mit dem Namen der Gerechtigkeit – der Justiz versehen, wird uns in mehr als einer Sprache etwas vererbt, was der Dekonstruktion in ihrem Herzen die Aufgabe eines geschichtlichen und auslegenden Gedächtnisses überträgt; es handelt sich hierbei nicht einfach um eine philologisch-etymologische Aufgabe, um die Aufgabe des Historikers, sondern um die Verantwortung einem Erbe gegenüber, das auch das Erbe eines Imperativs oder eines Bündels an Weisungen ist. Die Forderung nach unendlicher Gerechtigkeit, die unendliche Forderung nach Gerechtigkeit, die die von mir erwähnte Gestalt einer »Mystik« annehmen kann, verpflichtet bereits die/zur Dekonstruktion. Man muß der Gerechtigkeit gegenüber gerecht sein; es muß ihr zunächst in dem Sinne Gerechtigkeit widerfahren, daß man auf sie hört, sie liest, sie deutet, daß man versucht, zu verstehen, woher sie kommt und was sie von uns will, dessen gewahr, daß sie in besonderen Sprachen, Wendungen, Ausdrücken uns überkommt (*dike*, *jus*, *justitia*, *justice*, *Gerechtigkeit**;

wir beschränken uns bei diesen Beispielen auf europäische Spracheigentümlichkeiten, die man vielleicht im Hinblick auf andere oder von anderen aus bestimmen müßte – wir werden darauf zurückkommen). Wir müssen dabei auch wissen, daß sich diese Gerechtigkeit immer an das vielfältig Besondere [*singularités*] richtet, an die Besonderheit des anderen, unbeschadet oder gerade aufgrund ihres Anspruchs auf Universalität. Daß die Dekonstruktion an dieser Stelle nicht nachgibt, daß sie stets die Befragung des Ursprungs, der Grundlagen und der Grenzen unseres begrifflichen, theoretischen, normativen Apparates, der um die Gerechtigkeit kreist, in Atem hält, bedeutet deshalb alles mögliche, nur nicht eine Neutralisierung des Interesses an der Gerechtigkeit, eine Unempfindlichkeit gegenüber der Ungerechtigkeit. Es bedeutet sogar, daß die Forderung nach Gerechtigkeit von einer hyperbolischen Überbietung ergriffen wird, es bedeutet, daß man empfindlich ist für eine wesentliche Disproportion, die dieser Forderung das Unmäßige und das Unangemessene einzeichnet und die dazu drängt, daß man nicht allein die theoretischen Grenzen anzeigt, sondern auch konkrete Ungerechtigkeiten denunziert, solche Ungerechtigkeiten, die dort geschehen und deren Wirkungen dort besonders sinnfällig sind, wo das gute und ruhige Gewissen dogmatisch bei dieser oder jener überkommenen Bestimmung der Gerechtigkeit stehenbleibt.

2. Diese Verantwortung gegenüber dem Gedächtnis ist eine Verantwortung gegenüber dem Begriff der Verantwortung selbst, der das Gerechte und Angemessene unserer eigenen Verhaltensweisen, unserer theoretischen, praktischen, ethisch-politischen Entscheidungen bestimmt. Ein solcher Begriff der Verantwortung läßt sich nicht von einem Netz verwandter Begriffe trennen (Eigenschaft, Richtigkeit, Eigentum, Intentionalität, Wille, Freiheit, Bewußtsein, Selbstbewußtsein, Subjekt, Ich, Person, Gemein-

schaft, Entscheidung usw.); jede Dekonstruktion dieses begrifflichen Netzes, dieser in einer gewissen Form vorgegebenen oder vorherrschenden Begriffe kann einer Entlastung der Verantwortung, einem Beitrag zur Vergrößerung der Unverantwortlichkeit ähneln – und zwar gerade in dem Augenblick, in dem die Dekonstruktion einen Zuwachs an Verantwortung fordert. Wann immer die Dekonstruktion einem Axiom den Kredit entzieht oder aufkündigt (dies ist ein strukturell notwendiges Moment), kann man des Glaubens sein, daß es für die Gerechtigkeit keinen Platz mehr gibt, weder für die Gerechtigkeit selbst noch für das theoretische Interesse, das den Problemen der Gerechtigkeit entgegengebracht wird. Dieses Moment der Aufkündigung, der Suspension, diese Zeit der *Epoché*, ohne die in der Tat keine Dekonstruktion möglich ist, sind beängstigend, doch wer wird behaupten, daß er gerecht ist, wenn er die Angst ausspart? Das Moment beängstigender Suspension, das auch den Zwischenraum der Verräumlichung darstellt, in denen juridisch-politische Verwandlungen, ja Revolutionen stattfinden, vermag einzig in der Forderung nach einem Zuwachs an Gerechtigkeit, nach einem Gerechtigkeits-Supplement (also einzig in der Erfahrung einer Unangemessenheit, eines Sich-nicht-Anpassens, einer unberechenbaren Disproportion) seinen Grund haben und den ihm eigenen Zug oder die ihm eigene Stoßkraft finden. Denn woher würde die Dekonstruktion ihre Kraft schöpfen, woher würde sie ihre Gewalt nehmen, woher würde sie ihren Bewegungsimpuls oder ihre Motivierung haben, wenn nicht von diesem immer unzufriedenen Ruf, von dieser nie zufriedenzustellenden Forderung, jenseits der vorgegebenen und überlieferten Bestimmungen dessen, was man in bestimmten Zusammenhängen als Gerechtigkeit, als Möglichkeit der Gerechtigkeit bezeichnet? Doch es bedarf noch einer Deutung dieser Disproportion. Wenn ich sage, daß ich nichts kenne, was gerechter und angemessener ist als jenes, was ich heute Dekonstruktion nenne (ich sage nicht, daß ich nichts kenne, was so legal und so legitim ist), so weiß ich, daß ich damit unvermeidlich etwas sage, was überraschend und anstößig klingt, nicht bloß für die mit Bestimmtheit auftretenden Gegner der Dekonstruktion (oder dessen, was sie sich unter diesem Namen vorstellen), sondern auch für jene, die als ihre Anhänger, als ihre praktischen Vertreter gelten, für jene, die sich dafür ausgeben. Ich sage es also nicht, zumindest nicht auf direkte Weise und ohne mich zuvor auf einige Umwege zu begeben, um die nötige Vorsicht walten zu lassen.

Wie Sie wissen, hat in vielen Ländern eine der für das Gesetz oder für die Auferlegung und Durchsetzung des Staatsrechts grund-legenden Gewalttaten darin bestanden, daß man den nationalen oder ethnischen Minderheiten, die ein Staat zusammenfaßt, eine Sprache auferlegt hat; dies ist in der Vergangenheit so gewesen und ist heute immer noch so. In Frankreich ist mindestens zweimal eine solche Gewalt angetan worden, zunächst, als der Erlaß von Villers-Cotteret die Einheit des monarchischen Staates gefestigt hat: dieser Erlaß hat das Französische als juridisch-administrative Sprache auferlegt und verboten, daß das Lateinische, die Sprache des Rechts oder der Kirche, es allen Einwohnern des Königtums erlaubt, sich durch einen vermittelnden und übersetzenden Anwalt in einer gemeinsamen Sprache vertreten zu lassen, ohne Auferlegung des Französischen, das noch eine besondere, partikulare Sprache war. Es stimmt freilich, daß das Lateinische bereits etwas Gewaltsames an sich hatte und daß aus solcher Sicht der Übergang vom Lateinischen zum Französischen nichts anderes gewesen ist als der Übergang von einer Gewalt(tat) zur anderen. Das zweite bedeutende Moment der Auferlegung war das der Französischen Revolution, als die sprachliche Vereinheitlichung manchmal pädagogische Züge annahm, die äußerst unterdrückend, in jedem Fall ausgesprochen autoritär waren. Ich werde mich nicht auf die Geschichte dieser Beispiele einlassen. Wir könnten auch Beispiele aus diesem Land wählen, heute, da das Problem der Sprache immer noch besonders akut ist und es noch lange Zeit bleiben wird, gerade hier, an diesem Ort, an dem die Fragen der Politik, der Erziehung und des Rechts untrennbar sind.

Ich bewege mich nun geradewegs (ohne mich auf den Umweg eines geschichtlichen Gedächtnisses zu begeben) auf die formale, abstrakte Formulierung einiger Aporien zu; diese Aporien sind die bevorzugte Gegend, der bevorzugte Ort der Dekonstruktion, oder vielmehr: die Dekonstruktion findet hier, zwischen Recht und Gerechtigkeit, ihr bevorzugtes Ungleichgewicht. Im allgemeinen folgt die Ausübung der Dekonstruktion zwei verschiedenen Bahnen oder Stilen, die sie meistens einander aufpfropft. Der eine Stil ist von begründender und dem Anschein nach ungeschichtlicher Art: vorgetragen, vorgeführt werden logisch-formale Paradoxien. Der andere, geschichtlicher und anamnestischer, scheint der eines Lesens von Texten zu sein, einer sorgfältigen Interpretation und eines genealogischen Verfahrens. Ich werde mich nunmehr beiden (Stil-)Übungen nacheinander widmen.

Ich lege zunächst in trockenem, spröden Stil, ohne Zierat, die folgenden Aporien dar, ich »adressiere« sie. Im Grunde handelt es sich um eine einzige Aporie, um ein einziges aporetisches Potential, das sich selbst unendlich verteilt. Ich werde nur einige Beispiele vorbringen, die eine schwierige und unbeständige Unterscheidung zwischen Recht und Gerechtigkeit voraussetzen, erläutern, ja vielleicht sogar hervorbringen: eine Unterscheidung zwischen der Gerechtigkeit (die unendlich ist, unberechenbar, widerspenstig gegen jede Regel, der Symmetrie gegenüber fremd, heterogen und heterotrop) und ihrer Ausübung in Gestalt des Rechts, der Legitimität oder Legalität (ausgleichbar und satzungsgemäß, berechenbar, ein System geregelter, eingetragener, codierter Vorschriften). Ich bin versucht, den Begriff der Gerechtigkeit, den ich hier tendenziell von dem des Rechts unterscheide, in gewissem Maße jenem anzunähern, der sich bei Lévinas findet, und zwar gerade aufgrund der Unendlichkeit, die ihn auszeichnet, und des heteronomen Verhältnisses zum Anderen, zum Antlitz des Anderen, das mir befiehlt, dessen Unendlichkeit ich nicht thematisieren kann und dessen Geisel ich bin. Lévinas schreibt in seinem Werk *Totalität und Unendlichkeit* (»Wahrheit und Gerechtigkeit«): »[...] die Beziehung zum Anderen – das heißt die Gerechtigkeit«[14] – die Gerechtigkeit, die in einem anderen Abschnitt als »Geradheit und Rechtschaffenheit [*droiture*] des Empfangs, [der dem] Antlitz bereitet [wird]«[15] definiert wird. Die Geradheit, die Rechtschaffenheit reduziert sich selbstverständlich nicht auf das Recht, obwohl zwischen beiden ein Bezug besteht.

Lévinas spricht von einem unendlichen Recht: es hat seinen Ort in dem von ihm so genannten »jüdischen Humanismus«, dessen Grundlage nicht »der Begriff des Menschen« ist, sondern der Andere; »das Sich-Ausstrecken des Rechts des Anderen« ist das »ein[es] praktisch unendliche[n] Recht[s]« (»Ein unendliches Recht«[16]). Die Gerechtigkeit beruht hier nicht auf Gleichheit, auf einem berechneten Gleichmaß, auf einer angemessenen Verteilung, auf der austeilenden Gerechtigkeit, sondern auf einer absoluten Asym-

14 Der Satz lautet in der deutschen Übersetzung: »Aber wir wollen auch zeigen, wie, ausgehend vom Wissen qua Thematisierung, die Wahrheit dieses Wissens zur Beziehung mit dem Anderen, das heißt zur Gerechtigkeit führt.« (E. Lévinas, *Totalität und Unendlichkeit. Versuch über die Exteriorität*, München 1987, S. 124.) Derrida zitiert nur das Satzende »la relation avec autrui – c'est-à-dire la justice«; vgl. Lévinas, *Totalité et infini*, Paris ^{4}1974, S. 62.

15 In der deutschen Ausgabe lautet wiederum der betreffende Satz: »Die Rede ihrerseits zeigte sich als Gerechtigkeit in der Geradheit des Empfangs, den sie dem Antlitz bereitet.« (Lévinas, *Totalität und Unendlichkeit*, a. a. O., S. 112.) Derrida zitiert auch hier nur das Satzende: »droiture de l'accueil fait au visage«; vgl. Lévinas, *Totalité et infini*, a. a. O., S. 54.

16 Vgl. Emmanuel Lévinas, *Judaisme et révolution*, in: *Du Sacré au Saint. Cinq nouvelles lectures talmudiques*, Paris 1977, S. 18.

metrie. Der Begriff der Gerechtigkeit, den Lévinas bildet, nähert sich eher dem, was im Hebräischen der Heiligkeit [*sainteté*] entspricht (dem, was wir mit dem Wort »Heiligkeit« – *sainteté* übersetzen). Da ich aber an den schwierigen Diskurs von Lévinas noch andere, schwierige Fragen richten möchte, kann ich mich an dieser Stelle nicht damit begnügen, ihm einen begrifflichen Wesenszug zu entnehmen, nicht zumindest, ohne das Risiko der Verwirrung und der Analogisierung einzugehen. Ich verfolge also nicht länger diesen Weg. Alles wäre viel einfacher, wenn der Unterschied zwischen Gerechtigkeit und Recht ein wahrer Unterschied wäre, ein Gegensatz, dessen Wirken sich logisch regeln und beherrschen ließe. Das Recht enthält aber den Anspruch einer Ausübung, die im Namen der Gerechtigkeit geschieht; die Gerechtigkeit wiederum erfordert, daß sie in einem Recht sich einrichtet, das »enforced« werden muß. Es folgen also nun einige Beispiele für Aporien.

1. Erste Aporie: Die *Epoché* der Regel

Gemein ist uns das Axiom, daß wir frei sein müssen, verantwortlich für unsere Handlungen, für unser Verhalten, für unser Denken, für unsere Entscheidungen, um gerecht oder ungerecht sein zu können, um in der Lage zu sein, Gerechtigkeit walten zu lassen. Wenn ein Wesen nicht frei ist, wenn es bei dieser oder jener Tat sich nicht frei verhält, sagen wir wohl kaum, daß seine Entscheidung gerecht oder ungerecht ist. Diese Freiheit, diese Entscheidung, die das Gerechte und Angemessene betrifft, muß sich jedoch, um als solche erkannt zu werden, an einem Gesetz ausrichten, einer Vorschrift oder einer Regel folgen. Aus dieser Sicht muß sie in ihrer eigenen Autonomie, in ihrer Freiheit, das Gesetz zu befolgen oder sich selbst ein Gesetz vorzugeben, dem Berechen- und Programmierbaren zugehören, etwa als Akt des gerechten Ausgleichs. Wenn jedoch die Handlung, die Tat, der Akt einfach in der Anwendung einer Regel, in der Entfaltung eines Programms, in der Durchführung einer Berechnung bestehen, wird man vielleicht sagen, daß sie gesetzmäßig sind und dem Recht entsprechen, daß sie, metaphorisch gesprochen, sich als gerecht erweisen; allerdings würde man zu Unrecht behaupten, es sei eine gerechte Entscheidung getroffen worden.

Um gerecht sein zu können, darf zum Beispiel die Entscheidung eines Richters nicht bloß einer Rechtsvorschrift oder einem allgemeinen Gesetz folgen, sie muß sie auch übernehmen, sie muß ihr zustimmen, sie muß ihren Wert bestätigen: dies geschieht durch eine Deutung, die wieder eine Gründung oder Stiftung ist, so, als würde am Ende das Gesetz zuvor nicht existieren, als würde der Richter es in jedem Fall selbst erfinden. Jede Ausübung der Gerechtigkeit als Recht kann nur gerecht sein, wenn sie ein »fresh judgment« ist (ich entleihe diesen englischen Ausdruck Stanley Fish, der ihn in seinem Aufsatz *Force* – siehe oben – gebraucht). Dieses »fresh judgment« kann mit einem bereits vorgegebenen Gesetz übereinstimmen, es *muß* und *soll* damit wahrhaft übereinstimmen; doch die Deutung, die wieder eine Gründung, die wieder eine Erfindung, die ein frei Entscheidendes ist und in der Verantwortung des Richters steht, ja über dessen Verantwortlichkeit entscheidet, erfordert, daß ihre »Gerechtigkeit« nicht nur in der Übereinstimmung, in der erhaltenden und reproduzierenden Wirksamkeit des Urteils besteht. Kurz: damit eine Entscheidung gerecht und verantwortlich sein kann, muß sie in dem Augenblick, da sie getroffen wird, in dem Augenblick, und der ihr eigener Augenblick ist (gibt es einen solchen Augenblick?), einer Regel unterstehen und ohne Regel auskommen. Sie muß das Gesetz erhalten und es zugleich so weit zerstören oder aufheben, daß sie es in jedem Fall wieder erfinden und rechtfertigen muß; sie muß es zumindest in dem Maße wieder erfinden, indem sie erneut sein Prinzip frei bestätigen und bejahen muß. Jeder Fall ist anders, jede Entscheidung ist verschieden und bedarf einer vollkommen einzigartigen Deutung, für die keine bestehende, eingetragene, codierte Regel vollkommen einstehen kann und darf. Wenn eine solche Regel ein ausreichender, ein ausreichend sicherer Garant für die Deutung ist, erweist sich der Richter als eine Rechenmaschine (was manchmal zutrifft) und kann nicht als gerecht, frei und verantwortungsbewußt gelten. Umgekehrt kann er auch dann nicht als gerecht, frei und verantwortungsbewußt gelten, wenn er sich auf kein Recht, keine Regel bezieht, oder wenn er keine Regel für vorgegeben hält, die über seine Deutung hinausgeht, und deshalb die Entscheidung suspendiert, beim Unentscheidbaren stehenbleibt oder bar aller Regeln und Prinzipien improvisiert. Aus diesem Paradoxon folgt, daß man niemals *in der Gegenwart* sagen kann: eine Entscheidung oder irgend jemand *sind* gerecht (das heißt frei und verantwortlich); und noch weniger: »*ich bin* gerecht«.

Statt »gerecht« kann man »gesetzmäßig« oder »legitim« sagen, in Übereinstimmung mit einem Recht, mit Regeln und Konventionen, die ein Berechnen ermöglichen, deren (be)gründender Ursprung aber das Problem der Gerechtigkeit lediglich aufschiebt. Denn im Augenblick der Gründung oder der Einrichtung dieses Rechts, wird sich genau dieses Problem der Gerechtigkeit gestellt haben, wird es gewaltsam gelöst worden sein, also begraben, verborgen, verdrängt. Das beste Paradigma ist hier das der Gründung der Nationalstaaten oder der Akt, der den Grund für eine Verfassung legt und jenes instauriert, was man im Französischen *état de droit* (und im Deutschen Rechtsstaat) nennt.

2. Zweite Aporie: Die Heimsuchung durch das Unentscheidbare

Ohne ausschlaggebende Entscheidung kann keine Gerechtigkeit in der Gestalt des Rechts eine praktische Anwendung erfahren. Diese Entscheidung zeichnet sich nicht einfach durch die Form aus, die sie letztlich annimmt, etwa die der Straffolgen, mag sie in dieser Form angemessen und berechtigt sein oder nicht, der austeilenden oder der proportionellen Gerechtigkeit sich zurechnen lassen. Sie wurzelt bereits dort, sie sollte von Rechts wegen oder im Prinzip bereits dort wurzeln, wo die Initiative eines Kennenlernens, Sichbewußt-Werdens, Lesens, Verstehens, Deutens der Regel, ja wo die Initiative des Berechnens ergriffen wird. Wenn eine Berechnung nämlich eine Berechnung ist, so läßt sich die Entscheidung, etwas zu berechnen, nicht dem Berechenbaren zuordnen: sie darf sich ihm nicht zuordnen lassen.

Das Unentscheidbare, ein Motiv, ein Thema, das man häufig mit der Dekonstruktion in Verbindung bringt, ist nicht einfach ein Schwanken zwischen zwei widersprechenden und äußerst bestimmten Bedeutungen oder Regeln, die auch einen imperativen, befehlenden Charakter haben (in diesem Zusammenhang zum Beispiel die Achtung vor dem allgemeinen Recht und der Gerechtigkeit im Sinne der Angemessenheit, der Billigkeit *[équité]*, sowie vor der stets heterogenen und einzigartigen Besonderheit des Beispiels, das man nicht subsumieren kann). Das Unentscheidbare ist nicht einfach das Schwanken oder die Spannung zwischen zwei Entscheidungen, es ist die Erfahrung dessen, was dem Berechenbaren, der Regel nicht zugeordnet werden kann, weil es ihnen fremd ist und ihnen gegenüber ungleichartig bleibt, was dennoch aber – dies ist eine Pflicht – der unmöglichen Entscheidung sich ausliefern und das Recht und die Regel berücksichtigen muß. Eine Entscheidung, die sich nicht der Prüfung des Unentscheidbaren unterziehen würde, wäre keine freie Entscheidung, sie wäre eine programmierbare Anwendung oder ein berechenbares Vorgehen. Sie wäre vielleicht rechtens, nicht aber gerecht. Im Augenblick der Suspension, der der Augenblick des Unentscheidbaren ist, ist sie allerdings ebensowenig gerecht, da allein eine Entscheidung gerecht sein kann (um den Satz »allein eine Entscheidung kann gerecht sein« zu rechtfertigen, muß man keineswegs die Entscheidung auf die Struktur eines Subjekts oder auf die propositionelle Form eines Urteils beziehen). Hat sie sich der Prüfung des Unentscheidbaren unterzogen, hat sie dessen Erfahrung gemacht, gehören Prüfung und Erfahrung zur Vergangenheit (ist dies möglich?), so hat die Entscheidung wieder eine Regel befolgt, so hat sie sich selbst erneut eine Regel vorgegeben; sie hat eine Regel erfunden oder wieder erfunden, wieder behauptet und ist *gegenwärtig*, *in der Gegenwart* nicht länger voll und ganz gerecht. Wie es scheint, kann man niemals sagen, daß eine Entscheidung jetzt, im gegenwärtigen Augenblick vollkommen gerecht ist: entweder hat man sich noch nicht entschieden und dabei eine Regel befolgt (nichts erlaubt uns in diesem Fall, zu sagen, die Entscheidung sei gerecht) – oder man hat schon eine Regel befolgt – empfangen, bestätigt, erhalten, wieder erfunden –, die ihrerseits nicht absolut verbürgt werden kann; wäre diese Regel eine verbürgte Regel, wäre also die Entscheidung eine verbürgte Entscheidung, so hätte sie sich in ein Berechenbares verwandelt, und man könnte wiederum nicht sagen, sie sei gerecht. Deshalb ist die Erfahrung, die Prüfung des Unentscheidbaren, durch die, wie ich gerade ausgeführt habe, jede Entscheidung hindurch muß, die den Namen einer Entscheidung verdient, niemals ein Vergangenes, Überholtes oder Überschrittenes, sie ist nie ein in der Entscheidung, durch die Entscheidung *aufgehobenes** Moment. Jeder Entscheidung, jeder sich ereignenden Entscheidung, jedem Entscheidungs-Ereignis wohnt das Unentscheidbare wie ein Gespenst inne, wie ein wesentliches Gespenst. Sein Gespensterhaftes dekonstruiert im Inneren jede Gegenwarts-Versicherung, jede Gewißheit, jede vermeintliche Kriteriologie, welche die Gerechtigkeit einer Entscheidung (eines Entscheidungs-Ereignisses) (ver)sichert, ja welche das Entscheidungs-Ereignis selbst sicherstellt. Wer wird jemals (ver)sichern können, daß sich eine Entscheidung als solche ereignet hat? Daß sie nicht auf diesem oder jenem Umweg einem Grund, einem Zweck, einem Rechtshandel, einer Berechnung, einer Regel gefolgt ist – ohne diese kaum wahrnehmbare Suspension, die jede freie Entscheidung auszeichnet, im Augenblick, da eine Regel angewendet oder nicht angewendet wird?

Die gesamte subjektale Axiomatik der Verantwortung, des Bewußtseins, der Intentionalität, der Eigenschaft und des Eigenen, Eigentümlichen, die den gegenwärtig vorherrschenden juridischen Diskurs und die Kategorie der Entscheidung (die Bestellung medizinischer Gutachten einbegriffen) bestimmt, ist derart anfällig und theoretisch grobschlächtig, daß man darauf nicht eigens hinweisen muß. Die Auswirkungen dieser Begrenztheit sind konkret und auffällig genug, um ein Aufzählen von Beispielen überflüssig erscheinen zu lassen.

Diese zweite Aporie oder diese zweite Gestalt der nämlichen Aporie macht bereits deutlich, daß die Dekonstruktion des Glaubens an die bestimmende Gewißheit einer gegenwärtigen Gerechtigkeit selber von der »Idee der Gerechtigkeit«, von der Idee einer unendlichen Gerechtigkeit ausgeht: unendlich ist diese Gerechtigkeit, weil sie sich nicht reduzieren, auf etwas zurückführen läßt, irreduktibel ist sie, weil sie dem Anderen gebührt, dem Anderen sich verdankt; dem Anderen verdankt sie sich, gebührt sie vor jedem Vertragsabschluß, da sie vom Anderen aus, vom Anderen her gekommen, da sie das Kommen des Anderen ist, dieses immer anderen Besonderen. In meinen Augen ist diese »Idee der Gerechtigkeit« aufgrund ihres bejahenden Wesens irreduktibel, aufgrund ihrer Forderung nach einer Gabe ohne Austausch, ohne Zirkulation, ohne Rekognition, ohne ökonomischen Kreis, ohne Kalkül und ohne Regel, ohne Vernunft oder ohne Rationalität im Sinne des ordnenden, regelnden, regulierenden Beherrschens. Man kann darin also einen Wahn erkennen, ja sie des Wahns anklagen. Man erkennt darin vielleicht sogar eine (andere) Art Mystik (und klagt sie deshalb an). Die Dekonstruktion ist verrückt nach dieser Gerechtigkeit, wegen dieser Gerechtigkeit ist sie wahnsinnig. Dieses Gerechtigkeitsverlangen macht sie verrückt. Diese Gerechtigkeit, die kein Recht ist, ist die Bewegung der Dekonstruktion: sie ist im Recht oder in der Geschichte des Rechts am Werk, in der politischen Geschichte und in der Geschichte überhaupt, bevor sie sich als jener Diskurs präsentiert, den man in der Akademie, in der modernen Kultur als »Dekonstruktionismus« betitelt.

Ich würde zögern, wenn es darum ginge, diese »Idee der Gerechtigkeit« mit einer regulierenden Idee im Sinne Kants oder mit einem messianischen Versprechen gleichzusetzen, wenn man sie also in einen Horizont *solchen – desselben – Typs* rücken wollte. Ich rede nur von einem *Typ*, von jenem Typ Horizont, dessen Arten zahlreich sind und miteinander wetteifern. Daß sie miteinander wetteifern bedeutet, daß sie sich ziemlich ähnlich sind und daß sie stets das absolute Privileg einer irreduktiblen Besonderheit beanspruchen. Das Besondere des geschichtlichen Orts (der vielleicht unser geschichtlicher Ort ist, der in jedem Fall der ist, auf den ich mich hier dunkel beziehe) erlaubt es uns, den Typ(us) selber zu erahnen, und zwar als Ursprung, Bedingung, Möglichkeit und Versprechen all seiner Exemplifikationen (Messianismus jüdischen, christlichen oder islamischen Typs, Idee im Kantischen Sinne, Eschato-teleologie neohegelianischen, marxistischen oder postmarxistischen Typs usw.). Er erlaubt es uns ebenfalls, das Gesetz des irreduktiblen Wetteiferns wahrzunehmen oder begrifflich festzuhalten; er erlaubt uns dies aber von einem Rand aus, an dem der Schwindel oder der Taumel auf uns lauern, in dem Augenblick, da wir nichts anderes mehr erspähen als Beispiele und da einige unter uns nicht mehr wetteifern, nicht mehr konkurrieren, sich dem Wettrennen nicht mehr zugehörig fühlen; damit ist gesagt, daß wir von nun an stets das Risiko eingehen (ich rede hier zumindest in meinem eigenen Namen), nicht mehr »im Rennen« zu sein (*être dans la course*, wie es im Französischen heißt). Daß man jedoch nicht mehr »im Rennen« ist, mitten im Verkehr der Straße, läuft nicht darauf hinaus, daß man am Anfang stehenbleiben kann oder daß man zu einem bloßen Zuschauer wird – weit davon entfernt. Genau das bringt vielleicht (die Dekonstruktion) ständig auf Trab [*faire courir*], genau das hält (die Dekonstruktion) vielleicht an, schneller und intensiver zu laufen.

3. Dritte Aporie: Die Dringlichkeit, die den Horizont des Wissens versperrt

Einer der Gründe dafür, daß ich hier einen Vorbehalt gegen alle Horizonte anmelde, etwa gegen den der regulativen Idee Kants oder gegen den des messianischen Ereignisses, des messianischen Kommens (mein Vorbehalt gilt zunächst der konventionellen Interpretation dieser Horizonte), liegt darin, daß es sich eben um *Horizonte* handelt. Wie das griechische Wort anzeigt, ist ein Horizont eine Öffnung und zugleich eine Grenze, welche die Öffnung beschränkt; ein Horizont ist eine Öffnung und eine Grenze, und als solcher erweist er sich entweder für einen unendlichen Fortschritt oder für eine Erwartung als bestimmend.

So wenig sie sich auch vergegenwärtigen, präsentieren, darstellen läßt: die Gerechtigkeit wartet nicht. Sie ist jenes, was nicht warten darf, was nicht warten muß. Um einen direkten und einfachen Stil zu wählen, um mich kurz zu halten, lassen Sie mich folgende Behauptung aufstellen: Eine gerechte, angemessene Entscheidung ist immer sofort, *unmittelbar* erforderlich, »right away«. Sie kann sich nicht zuerst eine unendliche Information besorgen, das grenzenlose Wissen um die Bedingungen, die Regeln, die hypothetischen Imperative, die sie rechtfertigen könnten. Selbst wenn sie über ein solches Wissen verfügen würde, selbst wenn sie sich die hierzu nötige Zeit ließe und das notwendige Wissen sich aneignete, so wäre trotzdem der Augenblick der *Entscheidung* – so wäre trotzdem dieser Augenblick *als solcher* stets ein endlicher Augenblick der Dringlichkeit und der Überstürzung; zumindest, wenn man voraussetzt, daß er nicht die Konsequenz oder die Wirkung dieses theoretischen oder historischen Wissens, dieses Nachdenkens oder dieser Überlegung sein kann – sein darf, und daß er immer eine Unterbrechung der juridisch-, ethisch- oder politisch-kognitiven Überlegung, die ihm vorausgehen *muß* und vorausgehen *soll*, darstellt. Der Augenblick der Entscheidung ist, wie Kierkegaard schreibt, ein Wahn. Dies trifft vor allem auf den Augenblick der gerechten, angemessenen Entscheidung zu, die die Zeit zerreißen und den verschiedenen Dialektiken trotzen muß. Ein Wahn (ist's). Auch wenn man von der Hypothese ausgeht, daß die Zeit und die Überlegtheit, die Geduld des Wissens und die Meisterschaft unbegrenzt sind, ist die Entscheidung in ihrer Struktur endlich, so spät sie auch getroffen werden mag: dringliche, überstürzte Entscheidung, in der Nacht des Nicht-Wissens und der Nicht-Regelung. Diese Nacht ist nicht die eines Fehlens der Regel und des Wissens, sondern die einer erneuten Einrichtung oder Einsetzung der Regel, der definitionsgemäß kein Wissen und keine Garantie vorausgehen. Könnte man einer wenig differenzierten und auf Eindeutigkeit angelegten Unterscheidung zwischen dem Performativen und dem Konstativen trauen (das damit angezeigte Problem kann ich an diesem Ort nicht behandeln), so müßte man die Irreduktibilität der überstürzenden Dringlichkeit, ja im Grunde die Irreduktibilität der Unbesonnenheit, der Ahnungslosigkeit, des Unbewußtseins – gleichgültig, welchen verständigen Grund und welches Geschick man darin erblickt – der performativen Struktur der Sprechhandlungen (*speech act*) zuordnen, der performativen Struktur der Handlung als Justizakt oder Rechtstat; ob es sich dabei nun um ein gründendes, einrichtendes Performativum handelt oder um ein abgeleitetes, das bereits vorhandene Konventionen voraussetzt. Ein Konstativum kann angemessen, niemals aber gerecht sein. Da aber ein Performativum nur dann gerecht sein kann, wenn es auf Konventionen gründet, also auf vorgängigen performativen Akten, die sichtbar oder verborgen sind, birgt es in sich stets eine plötzlich ausbrechende Gewalt und gehorcht nicht einfach den Erfordernissen der theoretischen Rationalität. Beruht nun jede konstative Aussage ihrerseits auf einer zumindest impliziten performativen Struktur (»ich sage Dir, daß . . . , ich spreche mit Dir, ich richte mich an Dich, um Dir zu sagen, daß es wahr, daß es so ist, ich verspreche Dir, ich erneuere mein Versprechen, einen Satz zu formulieren [*faire une phrase*] und das, was ich sage, zu unterschreiben, wenn ich sage, daß . . . , wenn ich Dir die Wahrheit sage oder zu sagen versuche . . . usw.«), so supponiert folglich die Dimension der Angemessenheit oder der Wahrheit theoretisch-konstativer Aussagen (in allen Bereichen, besonders in dem des Rechts) die Dimension der Gerechtigkeit performativer Aussagen, das heißt: sie supponiert deren wesentliche Überstürzung, der immer eine gewisse Asymmetrie und ein gewisser gewaltsamer Zug anhaften. Ich bin versucht, das, was Lévinas in einer ganz anderen Sprache und in der Folge eines ganz anderen diskursiven Vorgehens sagt, in einem solchen Sinne zu verstehen; Lévinas behauptet, daß »die Wahrheit die Gerechtigkeit voraussetzt«.[17] Wollte man eine idiomatische französische Wendung auf gefährliche Weise parodieren, könnte man am Ende sagen: *»La justice, y a qu'ça de vrai«* [»Nichts ist so wahr, so echt wie die Gerechtigkeit«]. Es muß nicht eigens darauf hingewiesen werden, daß dies für den Status der Wahrheit – wenn man sich denn überhaupt so noch ausdrücken kann – nicht ohne Folgen bleibt.[18]

Paradox genug liegt es an diesem Übergreifen des Performativen (an diesem Übergriff über das streng unterschiedene Performativum hinaus), an diesem stets übermäßigen Vorstoß und Vorsprung der Deutung, an dieser Dringlichkeit und an dieser Überstürzung, die der Gerechtigkeit strukturell eignen, daß sie keinen (regulativen oder messianischen) Erwartungshorizont kennt. Gerade deshalb steht ihr *vielleicht* eine Zu-kunft (to-come) offen, kommt sie vielleicht auf uns zu; diese Zu-kunft, dieses Zu-Kommen und jene Zukunft, welche die Gegenwart stets zu reproduzieren vermag, halte ich strikt auseinander. Die Gerechtigkeit bleibt *im Kommen*, sie muß noch kommen, sie hat, sie ist Zu-kunft, sie ist die Dimension ausstehender Ereignisse, deren Kommen irreduktibel ist. Diese Zu-kunft wird immer die ihre (gewesen) sein. In dem Maße, in dem sie nicht einfach ein juridischer oder ein politischer Begriff ist, schafft darum *vielleicht* die Gerechtigkeit zu-künftig Offenheit für eine Verwandlung, eine Umgestaltung oder eine Neu(be)gründung des Rechts und der Politik – öffnet sie *vielleicht* diese Verwandlung, Umgestaltung oder Neu(be)gründung der Zu-kunft.

»Vielleicht« – wenn es um (die) Gerechtigkeit geht, muß

17 Es handelt sich um den Titel eines Abschnitts des Kapitels »Wahrheit und Gerechtigkeit« aus dem ersten Teil von *Totalität und Unendlichkeit*, a. a. O., S. 125; französische Ausgabe S. 62 (»la vérité suppose la justice«).

18 Zu dem, was Augustinus das *Veritatem facere* nennt, vgl. *Circonfession*, in: G. Bennington und J. Derrida, *Jacques Derrida*, Paris 1991, vor allem S. 48 f. [Deutsche Übersetzung in Vorbereitung, A. d. Ü.]

man immer »vielleicht« sagen. Die Gerechtigkeit ist der Zukunft geweiht, es gibt Gerechtigkeit nur dann, wenn sich etwas ereignen kann, was als Ereignis die Berechnungen, die Regeln, die Programme, die Vorwegnahmen usw. übersteigt. Als Erfahrung der absoluten Andersheit ist die Gerechtigkeit undarstellbar, doch darin liegt die Chance des Ereignisses und die Bedingung der Geschichte. Die Bedingung einer zweifellos unkenntlichen Geschichte, unkenntlich für jene, die zu wissen meinen, wovon sie genau sprechen, wenn sie das Wort »Geschichte« in den Mund nehmen – mag es um die Sozialgeschichte, um eine Geschichte der Ideologie, um ideologische, politische oder juridische Geschichte gehen.

Das Übermäßige der Gerechtigkeit, durch das sie sich nicht im Recht und in der Berechnung erschöpft, das Übermäßige des Undarstellbaren, durch das es über das Bestimmbare hinausschießt, dürfen nicht als Alibi dienen, um sich im Inneren einer Institution oder eines Staates (in der Beziehung zwischen einer Institution oder einem Staat zu anderen Institutionen oder Staaten) von den juridisch-politischen Kämpfen fernzuhalten. Auf sich selbst gestellt, sich selbst preisgegeben, aufgegeben und allein gelassen, befindet sich die allen Berechnungen, allem Kalkül trotzende, Gerechtigkeit spendende Idee stets in nächster Nähe zum Bösen, ja zum Schlimmsten, da das perverseste Kalkül sie sich stets wieder aneignen kann. Diese Möglichkeit bleibt immer bestehen. Die jeder Berechnung, jedem Kalkül gänzlich fremde Gerechtigkeit *befiehlt* also die Berechnung und das Kalkül. Dieses Berechnen muß sich so eng wie möglich an jenes halten, was man mit der Gerechtigkeit in Verbindung bringt: das Recht, die juridische Sphäre, die man durch eine Abgrenzung nie völlig zu isolieren vermag, deren Grenzen also nie sicher sind, all jene Bereiche schließlich, von denen man das Recht nicht abtrennen kann, die in es hineinreichen und die nicht mehr bloß(e) Bereiche oder

Felder sind: das Ethische, das Politische, das Ökonomische, das Psycho-Soziologische, das Philosophische, das Literarische usf. Man *muß* nicht nur kalkulieren, den Bezug zwischen dem Berechenbaren und dem Unberechenbaren aushandeln – und zwar ohne Regel: ohne Regel, die man nicht dort, wo wir »geworfen« sind, wo wir uns aufhalten, wieder erfinden müßte –; man *muß* dies auch in der größtmöglichen Entferntheit tun, jenseits des Ortes, an dem wir uns aufhalten, jenseits der bereits identifizierbaren Gebiete der Moral, der Politik, des Rechts, jenseits der Unterscheidung zwischen dem Nationalen und dem Internationalen, dem Öffentlichen und dem Privaten usw. Dieses »Müssen« gehört eigentlich weder zur Gerechtigkeit noch zum Recht. Dem einen oder dem anderen Raum gehört es nur in dem Maße an, in dem es die Grenzen des betreffenden Raums zum anderen hin öffnet. Die Politisierung etwa ist ein endloser Prozeß, sie kann und darf aber niemals zu einem Abschluß kommen, eine totale Politisierung sein. Damit dies nicht wie eine Binsenwahrheit oder etwas Triviales klingt, gilt es, folgende Konsequenz zu erkennen: Jedes Vorstoßen der Politisierung zwingt uns dazu, die Grundlagen des Rechts, die aus einer schon erfolgten Berechnung und Abgrenzung resultieren, erneut in Erwägung zu ziehen und folglich neu zu deuten. So hat es sich zum Beispiel bei der Erklärung der Menschenrechte zugetragen, bei der Abschaffung der Sklaverei, im Zuge all jener Befreiungskämpfe, die statthaben und weiterhin statthaben werden, überall in der Welt, im Namen der Frauen und der Männer. Nichts scheint mir weniger veraltet zu sein als das klassische emanzipatorische Ideal. Man kann heute nur dann versuchen, es (auf ausgeklügelte Weise oder in grobschlächtiger Manier) zu diskreditieren, wenn man sich einer gewissen Leichtfertigkeit schuldig macht und die schlimmsten Bünde eingeht. Jenseits aber dieser identifizierten Gebiete juridischer Politisierung (jenseits dieser erkannten Gebiete der Juridi-

Politisierung), die in großem Maße geopolitisch ist, jenseits aller absichtlichen Ablenkungen, jenseits aller bestimmten und besonderen Wiederaneignungen des internationalen Rechts, müssen sich andere Zonen regelmäßig auftun, Zonen, die man zunächst für zweitrangig, für Randzonen halten mag. Dieses Marginale bedeutet auch, daß hier Gewalt(tätigkeit), ja Terrorismus und andere Formen der Geiselnahme hier wirksam sind und sich geltend machen (wollte man Beispiele aus unserem Umkreis nennen, so müßte man an die Gesetze denken, welche die Erziehung und das Reden einer Sprache regeln, an die Legitimierung eines herrschenden Kanons, an die militärische Benützung wissenschaftlicher Forschung, an die Abtreibung, an die Euthanasie, an die Probleme der Organverpflanzung, des Gebärens außerhalb der Gebärmutter, an das Bio-engineering, an die medizinischen Laborversuche, an den gesellschaftlichen Umgang mit Aids, an die Makro- oder Mikropolitik, die den Drogengebrauch, die Homeless usw. betrifft, ohne freilich die Behandlung dessen, was man als Tierleben, als Tierheit bezeichnet, zu vergessen. Was dieses letztgenannte Problem angeht, verdeutlicht der Text, dem ich mich nun zuwende, daß Benjamin, der Autor dieses Textes, sich ihm gegenüber nicht taub gestellt hat, daß er ihm gegenüber nicht unempfindlich geblieben ist, mögen auch seine Aussagen zu diesem Thema recht dunkel, vielleicht sogar ziemlich traditionell sein).

II

Aus berechtigten oder aus unberechtigten Gründen habe ich angenommen, daß es vielleicht nicht vollkommen unangemessen wäre, wenn ich bei der Eröffnung eines Colloquiums[19] über den Nazismus, die Endlösung und die Grenzen der Vorstellung oder der Darstellung (der Repräsentation) einen Text Walter Benjamins prüfe und befrage, genauer: einen 1921 verfaßten Aufsatz, der den Titel *Zur Kritik der Gewalt** trägt; ich habe dies auch deshalb angenommen, weil mein Vortrag gleichzeitig (diese doppelte Gastfreundschaft ehrt mich) unter den Auspizien eines Zentrums steht, das den *Critical Studies and the Human Sciences* geweiht ist. Wenn ich also die Wahl getroffen habe, Ihnen eine Lesart des Benjaminschen Textes vorzulegen, die ein wenig gewagt ist, so aus mehreren Gründen, die sich hier, wie es scheint, kreuzen.

1. Diesen unruhigen, rätselhaften, furchtbar zweideutigen Text halte ich bereits im voraus (kann man an dieser Stelle sagen: »im voraus«?) für einen Text, der vom Thema der radikalen Zerstörung, der vollkommenen Vernichtung und Auslöschung heimgesucht wird. Zunächst soll das Recht, ich sage nicht: die Gerechtigkeit ausgelöscht werden; zum Recht zählen dabei auch die Menschenrechte, zumindest in dem Maße, in dem sie im Rahmen einer naturrechtlichen Überlieferung griechischen oder *aufklärerischen** Typs gedeutet werden können. Ich rede bewußt davon, daß das Thema der vernichtenden Gewalt den Text *heimsucht*, da er (ich werde versuchen, dies zu zeigen) insbesondere von der *Heimsuchung* selber heimgesucht wird, von einer Quasi-Logik des Gespenstes, die man an die Stelle einer ontologischen Logik der Anwesenheit, der Abwesenheit und der Re-präsentation setzen müßte, da sie stärker ist als diese. Ich frage mich, ob eine Gemeinschaft, die sich (ver)sammelt, um jenes zu denken, was an der namenlosen Sache, der man den Namen »Endlösung« beigelegt hat, dem Denken zugänglich ist, jenes, was sich davon aufnehmen läßt, nicht zuerst dem Gesetz des Gespenstes gastfreundlich begegnen muß: sie muß sich gastfreundschaftlich verhalten gegen-

19 Vgl. Anm. 1.

über der gespenstischen Erfahrung und dem Gedächtnis des Gespenstes, gegenüber der Erfahrung und dem Gedächtnis dessen, was weder tot noch lebendig ist, was mehr ist als bloß tot oder lebendig, was einfach über-lebt, Gesetz des Gedächtnisses, das besonders gebieterisch und unabweislich ist, mag es auch gänzlich ausgelöscht sein (den größten Anspruch stellt es gerade deshalb, weil es sich am stärksten auslöschen läßt).

Dieser Text Benjamins wird nicht nur von einem Denker signiert, von dem es heißt (und der von sich selber behauptet), er sei in gewisser Weise Jude (vor allem von diesem Rätsel der Signatur möchte ich reden). *Zur Kritik der Gewalt** steht auch in einer jüdischen Perspektive, welche die gerechte göttliche (jüdische) Gewalt, die das Recht zerstört, der mythischen Gewalt (griechischer Herkunft), die das Recht einsetzt und erhält, entgegenstellt.

2. Folgt man der tiefgreifenden Logik dieses Aufsatzes, die eine bestimmte Deutung der Sprache (des Ursprungs und der Erfahrung der Sprache) ansetzt, so fällt das Böse – eine tödliche Kraft – in die Sprache ein, und zwar durch die *Repräsentation*, durch eine re-präsentative, vermittelnde, technische, semiotische, informative, am Gebrauch ausgerichtete Dimension: die Kräfte dieser Dimension sind Kräfte, die die Sprache von ihrer ursprünglichen Bestimmung (von der Benennung, vom Beim-Namen-Rufen, von der Gabe oder dem Ruf der Anwesenheit im Namen) fortreißen, die sie zu Fall, die sie in große Ferne zu ihrer Bestimmung bringen oder gar außerhalb dieser Bestimmung in Verfall geraten lassen. Wir werden uns fragen müssen, wie sich dieses Denken des Namens einerseits und die Heimsuchung durch das Gespenst – und die Logik des Gespenstes andererseits ineinanderfügen. Benjamins Aufsatz, der also vom Bösen handelt, von dem Bösen, das kommt und das durch die Repräsentation zur Sprache kommt, ist ebenfalls ein Aufsatz, in dem die Begriffe der Verantwortung und der Verschuldung, des Opfers, der Entscheidung, der Lösung, der Strafe und der Sühne eine unauffällige, in meinen Augen aber wichtige Rolle spielen: meistens werden sie mit dem, was dämonisch oder »dämonisch zweideutig« ist, in Zusammenhang gebracht.

3. *Zur Kritik der Gewalt** ist nicht einfach eine Kritik der Repräsentation als Perversion und (Sünden)fall der Sprache, sondern

auch eine Kritik der Repräsentation als politisches System der formalen und parlamentarischen Demokratie. So gesehen, gehört dieser 1921 geschriebene revolutionäre Aufsatz (revolutionär auf eine marxistische und zugleich messianische Weise) der großen anti-parlamentarischen und gegen-*aufklärerischen** Welle an, an deren Oberfläche dann der Nazismus auftaucht [*faire surface*] und – in den zwanziger und zu Beginn der dreißiger Jahre – sogar »surft«.

4. Die vielflächige und vieldeutige Frage der Repräsentation stellt sich in diesem seltsamen Aufsatz auch noch aus anderer Sicht. Während (oder weil) er zunächst zwei Gewalten unterscheidet (die setzende und die erhaltende Gewalt), muß Benjamin, hat er einmal einen bestimmten Punkt erreicht, zugeben, daß die eine Gewalt im Verhältnis zur anderen nicht gänzlich heterogen sein kann: die sogenannte »setzende« Gewalt wird von der erhaltenden zuweilen »repräsentiert«.

Aus all diesen Gründen und vor der Folie all dieser miteinander verknüpften Fäden, auf die ich zurückkommen werde, kann man eine Reihe von Fragen aufwerfen. Sie werden den Horizont meiner Textlektüre bilden, mag ich hier auch nicht über die Zeit und die Mittel verfügen, um sie im einzelnen zu erläutern. Was hätte Benjamin von der »Endlösung« gedacht, welche Gedanken lassen sich in diesem Aufsatz ausmachen, deren Gestalt zumindest virtuell mit der »Endlösung« (mit ihrem Vorhaben, mit ihrer Umsetzung in die Wirklichkeit, mit der Erfahrung ihrer Opfer, mit den Urteilen, Prozessen, Deutungen, den erzählerischen, erklärenden, literarischen, geschichtlichen Darstellungen oder Repräsentationen, die versucht haben, sich an ihr zu messen) in einen Zusammenhang gebracht werden kann – wenn denn eine solche Vorwegnahme möglich ist? Wie würde Benjamin von der »Endlösung« gesprochen haben, wie müßte man seinem Wunsch gemäß von ihr sprechen, sie repräsentieren (dar- und vorstellen) oder von ihrer Repräsentation (von ihrer Dar- und Vorstellung) ablassen, wie müßte man sie im Sinne eines solchen Wunsches identifizieren oder es sich verbieten, sie zu identifizieren, wie müßte man es bewerkstelligen, um ihr, Benjamins Wunsch entsprechend, einen Ort, einen Ursprung, eine Verantwortlichkeit zuzuweisen, wie müßte man es anstellen, um dies nicht zu tun (und zwar in der Eigenschaft als Philosoph, Richter oder Jurist, als Moralist, Glaubensmensch, Dichter, Filmemacher)? Die eigentümliche Vielfalt der Sprachcodes, die sich in diesem Text kreuzen, und – um uns auf dieses Beispiel zu beschränken – die Aufpfropfung der Sprache der marxistischen Revolution auf die der messianischen Revolution (beide kündigen nicht allein ein neues historisches Zeitalter an, sondern den Anfang einer wahren, wahrhaft vom Mythos befreiten Geschichte), erleichtern es nicht, Hypothesen aufzustellen, die einen Benjaminschen Diskurs über die »Endlösung« und einen Benjaminschen Diskurs über Möglichkeit und Unmöglichkeit eines solchen Diskurses zum Gegenstand haben. Es wäre freilich unvorsichtig zu behaupten, daß Benjamin von der »Endlösung« gar nichts gewußt hat – zumindest wenn man sich dabei einfach an die objektiven Daten hält, daran, daß die Wannsee-Konferenz im Jahr 1942 stattgefunden und daß Benjamin 1940 an der französisch-spanischen Grenze Selbstmord begangen hat. Die Chronologie derartiger Ereignisse hat niemals etwas Selbstverständliches. Man wird immer auf etwas stoßen, was es erlaubt, die Hypothese zu stützen, daß Benjamin bereits von 1921 an nichts anderes im Sinne hatte als die Möglichkeit dieser Endlösung: sie fordert die Ordnung der Repräsentation deshalb besonders heraus, weil sie vielleicht in Benjamins Augen vom radikal Bösen zeugt, vom (Sünden)fall als Fall der Sprache in die Repräsentation. Folgt man einer gleichbleibenden Logik des Benjaminschen Diskurses, so kann man an zahlreichen Anzeichen ablesen, daß nach dieser unvorstellbaren und undarstellbaren Sache, welche die »Endlösung« gewesen sein wird, nicht nur der Diskurs, die Literatur und die Dichtung keineswegs unmöglich sind, sondern sogar ursprünglicher und eschatologischer denn je die Bestimmung erhalten, sich von einer Rückkehr oder einer – noch – versprochenen Ankunft der Namensprache (einer Sprache oder einer Poetik des Beim-Namen-Rufens, die sich der Sprache der Zeichen, der informativen oder kommunikativen Repräsentation widersetzt) bestimmen zu lassen. Ich habe mich an anderer Stelle (im Zusammenhang mit Celan, dem Datum und dem Akt) mit diesen Fragen beschäftigt [vgl. Derrida, *Schibboleth. Für Paul Celan*, Graz-Wien 1986, A. d. Ü.]. Am Ende, nach einer Textlektüre, in deren Verlauf der Horizont des Nazismus und der Endlösung nur durch ankündigende Zeichen oder Blitzlichter sich abzeichnen und einzig auf virtuelle, indirekte oder elliptische Weise (von der Seite her) behandelt werden wird, möchte ich einige Hypothesen vorbringen, die die Möglichkeiten betreffen, heute, nach dem Aufkommen des Nazismus und dem Ereignis der Endlösung diesen Text aus dem Jahre 1921 zu lesen.

Bevor ich nun eine Lesart dieses besonderen, eigentümlichen Textes vorschlage und einige Fragen aufwerfe, die im engeren Sinne sich an ihn richten, muß ich in dieser bereits allzu langen Einführung kurz etwas zu dem Kontext sagen, in dem ich – zu einem Zeitpunkt, da ich an dieses Colloquium noch gar nicht denken konnte – damit begonnen habe, ihn zu lesen. Es handelt sich um einen doppelten Kontext; ich möchte ihn so schematisch wie irgend möglich definieren und beschränke mich auf jene Züge, die uns hier, heute abend interessieren können, weil sie in meiner Lesart eine Spur hinterlassen haben.

(1) Zunächst muß ich eine lange, einjährige Seminarfolge erwähnen (*Kant, der Jude, der Deutsche* [der Vortrag *Interpretations at War*, veröffentlicht in dem Sammelband *Phénoménologie et Politique. Mélanges offerts à Jacques Taminiaux*, Brüssel 1990, ist daraus hervorgegangen, A. d. Ü.]), die im Rahmen eines über drei Jahre hinweg fortdauernden Seminars zum Thema »Philosophische Nationalitäten und Nationalismen« gestanden hat. In dieser Seminarfolge habe ich die verschiedenartige, aber doch beharrlich wiederkehrende Bezugnahme auf Kant, ja auf ein bestimmtes Judentum Kants, untersucht; diese Bezugnahme läßt sich bei all jenen Denkern und Schriftstellern ausmachen, die, von Wagner und Nietzsche bis Adorno, sich anschicken, auf die Frage *»Was ist deutsch?«** zu antworten. Besonders interessiert hat mich dabei das, was ich als *jüdisch-deutsche Psyche* oder als *jüdisch-deutschen Drehspiegel* bezeichnet habe: also die Logik gewisser Phänomene, die sich durch eine beunruhigende und verstörende Spiegelung auszeichnen, durch eine Spiegelung, die sich in manchen großen jüdisch-deutschen Schriftsteller- und Denkergestalten dieses Jahrhunderts ihrerseits spiegelt: ich meine zum Beispiel Cohen, Buber, Rosenzweig, Scholem, Adorno, Arendt – und eben Benjamin. Eine ernstzunehmende Reflexion über den Nazismus und die »Endlösung« kann, glaube ich, eine mutige, unendliche und viel-

flächige Analyse der Geschichte und der Struktur dieser jüdisch-deutschen »Psyche« (Spiegelung) sich nicht ersparen. Wir haben in dem angeführten Seminar unter anderem bestimmte – zuweilen besonders zweideutige und unheimliche – Analogien studiert, die zwischen den Diskursen mancher »großer« deutscher Denker und mancher »großer« deutsch-jüdischer Denker bestehen: zu diesen analogen Merkmalen zählen ein gewisser Patriotismus, ein ziemlich häufiger Nationalismus, manchmal sogar (während des Ersten Weltkriegs und danach) ein deutscher Militarismus, zum Beispiel bei Cohen oder Rosenzweig – doch erschöpfen sich die Analogien nicht in diesen Merkmalen. Genau in diesem Zusammenhang haben mich begrenzte, aber bestimmbare Affinitäten zwischen Benjamins Aufsatz *Zur Kritik der Gewalt* und Texten Carl Schmitts, ja Heideggers fasziniert und neugierig gemacht. Von derartigen Affinitäten kann man nicht nur aufgrund einer gemeinsamen Feindseligkeit gegenüber der parlamentarischen Demokratie, der Demokratie überhaupt und der *Aufklärung** reden, und auch nicht nur aufgrund einer gewissen Deutung des *polemos*, des Kriegs, der Gewalt und der Sprache: von Affinitäten läßt sich ebenfalls aufgrund einer gemeinsamen Thematik der »Destruktion« sprechen, die zu jener Zeit weit verbreitet war. Zwar geht Heideggers *Destruktion** nicht einfach in den Begriff der Zerstörung über, der im Mittelpunkt des Benjaminschen Denkens steht; man kann sich jedoch fragen, was zwischen den beiden Weltkriegen eine Thematik bedeutet, vorbereitet oder ankündigt, die eine so große Heimsuchungskraft besitzt: um so mehr, als diese Destruktion auch die Bedingung einer authentischen Tradition, eines echten Gedächtnisses und einer Bezugnahme auf eine Ursprache sein soll.

(2) Ein anderer Kontext: bei Gelegenheit eines vor kurzem an der Cardozo Law School of Yeshiva University (New York) veranstalteten Colloquiums, dessen Gegenstand die Dekonstruktion und die Möglichkeit der Gerechtigkeit war, habe ich – nach einer langen Besinnung über Dekonstruktion und Gerechtigkeit im allgemeinen – damit angefangen, diesen Text Benjamins zu analysieren; ich wollte mit der größtmöglichen Vorsicht einer irreführenden Bahn folgen, einer aporetischen Bahn, die in ihrer Aporie selbst seltsame Ereignisse zeitigt: nämlich eine Art Selbstzerstö-

rung, ja eine Art Selbstmord des Textes, die als dessen Erbe nur noch die Gewalt seiner Signatur aufscheinen lassen: die Gewalt seiner Signatur als einer göttlichen Signatur. Wie kann man diesen Text im Sinne eines »dekonstruktiven« Gestus' lesen, eines nicht einfach Heideggerischen oder Benjaminschen Gestus', eines Gestus', der niemals Heideggerisch oder Benjaminisch ist? So lautet schließlich die dunkle und schwierige Frage, an die sich diese Textlektüre wagen möchte.

Wenn ich Ihre Geduld nicht erschöpft habe, schlage ich vor, daß wir uns jetzt in einem anderen Stil der versprochenen Lektüre jenes kurzen und verstörenden Textes zuwenden, Walter Benjamins Aufsatz *Zur Kritik der Gewalt** (1921). Ich wage es nicht, zu behaupten, daß dieser Text *beispielhaft* ist. Wir befinden uns auf einem Gebiet, auf dem es am Ende lediglich besondere, singuläre Beispiele gibt. Nichts ist absolut beispielhaft. Ich unternehme nicht den Versuch, die Wahl dieses Beispiels zu rechtfertigen. Ich möchte aber dartun, weshalb dieser Text nicht das schlechteste Beispiel dessen ist, was in einem relativ bestimmten Kontext wie dem unseren beispielhaft sein könnte.

1. Benjamins Analyse reflektiert die Krise, in der sich das europäische Modell der bürgerlichen, liberalen und parlamentarischen Demokratie – und folglich der davon untrennbare Rechtsbegriff – befindet. Das besiegte Deutschland ist zu jenem Zeitpunkt der Raum, in dem sich diese Krise äußerst verdichtet; ihre Eigentümlichkeit läßt sich auch an bestimmten modernen Zügen ablesen, wie etwa an dem Streikrecht oder an dem Begriff eines Generalstreiks (mit oder ohne Bezugnahme auf Sorel). Der Zeitabschnitt, um den es hier geht, folgt auf einen Krieg und eine Vorkriegszeit, in der sich in Europa ein pazifistischer Diskurs, ein Antimilitarismus, eine Kritik der Gewalt (auch der juridisch-polizeilichen Gewalt) entfalten und scheitern; all dies wird sich alsbald (in den folgenden Jahren) wiederholen. Es ist auch der Augenblick, da die Fragen der Todesstrafe und

des Strafrechts im allgemeinen (des Rechts, zu bestrafen) eine schmerzhafte Aktualität erlangen. Die tiefgreifenden Veränderungen, denen die Strukturen der Öffentlichkeit aufgrund des Erscheinens neuer starker, mächtiger Medien (aufgrund etwa des Aufkommens des Radios) unterworfen sind, beginnen damit, dieses liberale Modell der parlamentarischen Debatte und Beschlußfassung, welches das Hervorbringen von Gesetzen bestimmt, in Frage zu stellen. Solche Umstände sind für das Denken deutscher Juristen und Rechtstheoretiker wie Carl Schmitt, um nur einen Namen zu nennen, Anlaß und motivierende Kraft. Mein Interesse ist also auch von einigen geschichtlichen Indizien geweckt worden. So hat zum Beispiel dieser Text, »mystisch« in dem überdeterminierten Sinne, der uns hier interessiert, und zugleich überkritisch – dieser Text, den man, wenn man gewisse Anzeichen beachtet, als eine Aufpfropfung jüdisch-neomessianischer Mystik auf einen postsorelschen Neomarxismus (oder umgekehrt) lesen kann, hat Benjamin unmittelbar nach seiner Veröffentlichung einen Glückwunsch Carl Schmitts eingebracht, einen Brief dieses großen konservativen, katholischen Juristen, der zu jener Zeit noch ein Konstitutionalist war, dessen seltsame Bekehrung zum Hitlerismus im Jahr 1933 und dessen Korrespondenz mit Benjamin (aber auch mit Heidegger) Ihnen bekannt sind. Was die Analogien angeht, die zwischen *Zur Kritik der Gewalt** und manchen Wendungen des Heideggerschen Denkens bestehen (vor allem, wenn man an die Motive des *Waltens** und der *Gewalt** denkt), so werden sie wohl niemandem verborgen bleiben. *Zur Kritik der Gewalt** endet mit der göttlichen Gewalt; am Ende sagt Walter Benjamin von dieser Gewalt, daß man sie als *»waltende«** Gewalt bezeichnen kann: »Die göttliche Gewalt mag die waltende heißen.« »[...] *die waltende heißen«** sind die letzten Worte des Textes. An diesem geschichtlichen Netzwerk zweideutiger Verträge interessieren mich die (ihm eigene) Notwendigkeit und die (ihm eigenen) Gefahren. Mit einigem Arbeitsaufwand und unter Berücksichtigung bestimmter Vorsichtsmaßnahmen kann man 1989 in den westlichen Demokratien noch Lehrreiches daraus folgern.

2. Dieser Text ist in meinen Augen beispielhaft, zumindest bis zu einem gewissen Punkt: in dem Maße nämlich, in dem er sich (erinnern wir uns an die Thematik unseres Colloquiums) einer Übung in dekonstruktivem Lesen anempfiehlt; ich werde versuchen, dies nachzuweisen.

3. Eine solche Dekonstruktion ist aber, wie mir scheint, der Eingriff, den dieser Text selbst vornimmt, die Erfahrung, die dieser Text zunächst selbst macht, Erfahrung seiner selbst – mit sich selbst, selber – in sich selbst eingreifend. Was heißt das? Ist das möglich? Was bleibt dann von einem solchen Ereignis? Von seiner Auto-Hetero-Dekonstruktion? Von seiner angemessenen und unangemessenen Unvollendetheit? Was ist die Ruine eines solchen Ereignisses oder die offene Wunde einer solchen Signatur? Worin besteht die Kraft dieses Ereignisses, seine Gewalt, sein Gewaltsames, seine Autorität, seine Legitimität? So lautet eine erste Reihe Fragen, die ich aufwerfen möchte. Sie betrifft die Möglichkeit der Dekonstruktion. Erlauben Sie mir, mich selber zu zitieren; ich habe gelegentlich Folgendes behauptet: »Die strengste, unbeugsamste, genaueste Dekonstruktion hat sich nie [...] als ein *Mögliches* dargestellt. Ich würde sogar sagen, daß der Dekonstruktion nichts abgeht, wenn sie ihre Unmöglichkeit eingesteht; und daß jenen, die sich allzu schnell an diesem Geständnis erfreuen, auch nichts abgeht, wenn sie sich gedulden. Die Gefahr, die auf die Aufgabe des Dekonstruierens lauert, muß man eher in der *Möglichkeit* suchen; gefährdet ist es davon, sich in ein verfügbares Ganzes geregelter Vorgehensweisen, methodischer Praktiken, begehbarer Wege zu verwandeln. Das Interesse der Dekonstruktion, ihrer Kraft und ihres Verlan-

gens (wenn sie denn eines hat), liegt in einer gewissen Erfahrung des Unmöglichen.«[20]

Benjamins Darlegung hat also die Frage des Rechts zum Gegenstand. Sie zielt sogar, wie wir bald mit aller erforderlichen Strenge erkennen werden, auf die Begründung einer »Rechtsphilosophie«. Diese »Rechtsphilosophie« nimmt Gestalt an, indem sie auf einer Anzahl Unterscheidungen fußt, die alle interessant, provozierend, notwendig erscheinen – zumindest bis zu einem bestimmten Punkt. Ich glaube allerdings, daß ihnen etwas grundsätzlich Problematisches eignet.

An erster Stelle steht die Unterscheidung zwischen zwei Rechtsgewalten, zwei Gewalten, die das Recht betreffen: zwischen einer (be)gründenden Gewalt, der »rechtsetzenden Gewalt«, und einer erhaltenden Gewalt, der »rechtserhaltenden Gewalt«, die das Recht bestätigt, dessen Fortdauer und Anwendbarkeit sichert. Der Einfachheit halber schlage ich vor, daß wir im Französischen das Wort *violence* beibehalten, um *Gewalt** zu übersetzen; ich habe schon darauf hingewiesen, welche Vorsicht man dabei walten lassen muß. Ein anderes Problem, auf das ich hier nicht eingehen kann, ist die englische Übersetzung des Wortes *Recht*: soll man es eher (wie in der veröffentlichten englischen Fassung des Textes) mit »law« oder eher mit »right« übersetzen?

Sodann stößt man auf die Unterscheidung zwischen der rechtsetzenden Gewalt, die Benjamin als »mythisch« bezeichnet (ich glaube, »mythisch« bedeutet hier implizit »griechisch«), und der rechtsvernichtenden Gewalt, von der es heißt, sie sei göttlich (ich glaube, »göttlich« meint hier implizit »jüdisch«).

Schließlich haben wir es mit einer Unterscheidung zwischen der Gerechtigkeit als »Prinzip aller göttlichen Zweck-

20 Jacques Derrida, ›*Psyché*‹. *Erfindung des Anderen*, in: *Psyché*, Paris 1987; S. 26-27 (deutsche Übersetzung in Vorbereitung).

setzung« (S. 198)[21] und der Macht als Prinzip »aller mythischen Rechtsetzung« (ebd.) zu tun.

Das Wort »Kritik« im Titel *Zur Kritik der Gewalt** zeigt nicht einfach eine negative Bewertung an, ein legitimes Verwerfen oder Verurteilen der Gewalt, sondern ebenfalls eine Urteilsfindung, eine Abwägung, eine Untersuchung, die sich selbst mit den erforderlichen Mitteln ausstattet, um die Gewalt zu beurteilen. In dem Maße, in dem der Begriff der Kritik eine Entscheidung und eine Frage beinhaltet (eine Entscheidung in Gestalt des Urteils, eine Frage nach dem Recht, etwas zu [be]urteilen), hängt er wesentlich, in seinem Wesen selbst mit der Sphäre des Rechts zusammen. Im Grunde verhält es sich dabei ein wenig so wie in der kantischen Tradition des Kritikbegriffs. Der Begriff der Gewalt ermöglicht eine bewertende, abwägende Kritik nur in der Sphäre des Rechts und der Gerechtigkeit oder in der der »sittlichen Verhältnisse«. Es gibt keine natürliche oder physische Gewalt. Im übertragenen Sinne kann man freilich von Gewalt sprechen, wenn ein Erdbeben sich ereignet oder sogar wenn man körperlichen Schmerz empfindet. Man bleibt aber dessen gewahr, daß es sich dann nicht um eine *Gewalt** handelt, die, einem wie immer auch beschaffenen Justizapparat gegenübergestellt, ein Urteil herbeiführen kann. Der Begriff der Gewalt gehört der symbolischen Ordnung des Rechts, der Politik und des Sittlichen an. Allein in dieser Hinsicht kann er einer Kritik stattgeben. Bis jetzt hat sich diese Kritik stets dem Raum, den die Unterscheidung zwischen Mittel und Zweck beherrscht, eingefügt. Dagegen wendet Benjamin ein, daß die Frage, ob die Gewalt ein Mittel *zu* einem (gerechten oder ungerechten) Zweck sein kann, uns bereits daran hindert, die Gewalt *selber* zu beurteilen,

21 Sämtliche Seitenzahlen, die nach Zitaten in Klammern beigefügt werden, beziehen sich auf Benjamins *Kritik der Gewalt*. Zitiert wird dabei folgende Ausgabe: Walter Benjamin, *Zur Kritik der Gewalt*, in: ders., *Gesammelte Schriften*, Band II.1, herausgegeben von Rolf Tiedemann und Hermann Schweppenhäuser, Frankfurt am Main 1977.

über sie selbst ein Urteil zu sprechen. Die Kriteriologie umfaßt in diesem Fall lediglich die Gewaltanwendung, nicht die Gewalt selber: es läßt sich nicht ausmachen, ob die Gewalt als Mittel in *sich selber* berechtigt oder unberechtigt, gerecht oder ungerecht, sittlich oder unsittlich ist. Die kritische Frage bleibt folglich offen: die Frage nach einer Bewertung und Rechtfertigung der Gewalt selber, unabhängig davon, ob sie ein bloßes Mittel ist und welchen Zwecken sie dient. Die naturrechtliche Tradition soll, so Benjamin, diese kritische Dimension ausgeschlossen haben. Der Rekurs auf gewaltsame Mittel erscheint den Verfechtern des Naturrechts keineswegs als fraglich, da die natürlichen Zwecke gerecht sind. Dieser Rekurs ist genauso gerechtfertigt und gewöhnlich wie das »Recht« des Menschen, seinen Körper zu bewegen, um ein Ziel zu erreichen. Aus solcher Sicht ist die Gewalt ein »Naturprodukt«. Benjamin führt einige Beispiele an, welche diese »Naturalisierung« (dieses Zur-Natur-Werden) der Gewalt, die das Naturrecht bewirkt, belegen sollen:

a) den auf dem Naturrecht gründenden Staat, von dem Spinoza im *Theologisch-politischen Traktat* redet; vor Abschluß eines vernunftgemäßen Vertrages übt der Bürger dieses Staats *de jure* eine Gewalt aus, die er *de facto* innehat;

b) die ideologische Grundlage der *terreur* (Benjamin sagt: des »Terrorismus«) in der Französischen Revolution;

c) die ausbeutenden Verwertungen eines bestimmten Darwinismus (was später auf den Nazismus übertragen werden könnte) usw.

Wenn aber die Überlieferung des positiven Rechts im Gegensatz zum Naturrecht dem geschichtlichen Werden, dem das Recht unterworfen ist, eine größere Aufmerksamkeit schenkt, so bleibt auch sie diesseits der kritischen Befragung, die Benjamin fordert, die durch ihn erforderlich wird. Ohne Zweifel kann sie nicht davon ausgehen, daß alle Mittel geeignet sind, wenn sie nur als einem natürlichen und ungeschichtlichen Zweck gemäß sich erweisen. Sie schreibt vor, Mittel zu beurteilen, das heißt ihre Angemessenheit an ein Recht zu beurteilen, das gerade eingerichtet wird: an ein neues (nicht natürliches) Recht, das sie im Zusammenhang mit den Mitteln und folglich aufgrund einer Kritik der Mittel abschätzt und bewertet. Beide Traditionen haben jedoch eine dogmatische Voraussetzung gemein: die, daß man einen gerechten Zweck mit angemessenen, berechtigten, gerechten Mitteln erreichen kann: »Das Naturrecht strebt, durch die Gerechtigkeit der Zwecke die Mittel zu ›rechtfertigen‹, das positive Recht durch die Berechtigung der Mittel die Gerechtigkeit der Zwecke zu ›garantieren‹.« (S. 180) So kreisen also die beiden Traditionen in demselben Kreis dogmatischer Voraussetzungen. Es gibt keinerlei Lösung für die Antinomie, wenn ein Widerspruch zwischen gerechten Zwecken und berechtigten Mitteln auftaucht. Das positive Recht soll der Unbedingtheit der Zwecke gegenüber blind sein, das Naturrecht ist es gegenüber der Bedingtheit der Mittel. Obwohl er beide Traditionen gleichermaßen abweist und ihre Symmetrie aufdeckt, behält Benjamin vom positiven Recht und seiner Tradition den Sinn für die Geschichtlichkeit des Rechts zurück. Allerdings trifft umgekehrt zu, daß jenes, was Benjamin später dann zur göttlichen Gerechtigkeit äußert, nicht durchgängig mit dem theologischen Hintergrund oder Wesen aller naturrechtlichen Konzeptionen unvereinbar ist. Wie es auch sei: Benjamins Kritik der Gewalt erhebt den Anspruch, über beide Traditionen hinauszugehen; sie will nicht länger der Sphäre des Rechts angehören, sie will nicht mehr von einer Interpretation abhängen, die in die juridische Institution einbezogen ist. Sie hat ihren Ort in einer »Geschichtsphilosphie« (ein Ausdruck, den Benjamin in einem sehr bestimmten, eigentümlichen Sinne gebraucht) und begrenzt sich explizit auf die europäischen Gegebenheiten.

In seiner grundlegendsten Verfassung tendiert das europäische Recht dazu, die individuelle Gewalt zu verbieten und sie in dem Maße zu verurteilen, in dem sie nicht dieses oder jenes Gesetz bedroht, sondern »die Rechtsordnung« selber. Daher das Interesse des Rechts – denn das Recht hat ein Interesse daran, sich selber zu setzen und zu erhalten; es ist daran interessiert, das Interesse, das es ja gerade – und zu Recht – repräsentiert, seinerseits zu repräsentieren. Das Interesse des Rechts kann »überraschend« anmuten (so Benjamins eigener Ausdruck); soweit das Recht aber in seinem Wesen, in seiner Natur Interesse ist, muß es – daran ist nichts Überraschendes mehr – die individuelle Gewalt ausschließen, die seine Ordnung bedroht; das Recht muß also die Gewalt monopolisieren (*Gewalt** im Sinne von Autorität). Es besteht ein »Interesse des Rechts an der Monopolisierung der Gewalt« (S. 183). Dieses Monopol tendiert nicht dazu, diesen oder jenen Rechtszweck in Schutz zu nehmen, sondern dazu, das Recht selber zu beschützen. Dem Anschein nach handelt es sich hierbei um eine tautologische Trivialität. Ist indes die Tautologie nicht die phänomenale Struktur einer bestimmten Gewalt des Rechts, das sich selbst setzt, indem es dekretiert, daß all jenes gewaltsam (ungesetzlich, dem Gesetz äußerlich) ist, was es nicht anerkennt? Performative Tautologie oder Synthese *a priori*, die die Struktur einer Gesetzesgrundlegung bildet – einer Gesetzesgrundlegung, die wie jede andere Grundlegung auch die Möglichkeit schafft, auf performative Weise die Konventionen zu erzeugen, die die Gültigkeit des Performativums sichern, dem sich die Mittel verdanken, über die Legalität der Gewalt zu entscheiden. Die Begriffe der Tautologie, der Synthese *a priori* und vor allem jenes Performativums sind nicht dem Benjaminschen Sprachgebrauch entlehnt; ich wage es aber, zu glauben, daß sie seine Absicht nicht verraten.

Die bewundernde Faszination, welche »die Gestalt des

›großen‹ Verbrechers« (S. 183) auf das Volk ausübt, läßt sich so erklären: Die heimliche Bewunderung wird nicht von jemandem erregt, der ein bestimmtes Verbrechen begangen hat, sondern von jemandem, der das Gesetz herausfordert, der ihm trotzt und die Gewalt der Rechtsordnung selbst bloßlegt. Auf diese Weise könnte man auch die Faszination erklären, die in Frankreich der Rechtsanwalt Jacques Vergès ausübt: Vergès übernimmt die Verteidigung bei den schwierigsten Fällen, dann, wenn es sich in den Augen der Mehrheit um unhaltbare und unerträgliche Angelegenheiten handelt; er praktiziert, was er die »Strategie des Risses oder des (Ab)bruchs« *[stratégie de rupture]* nennt, das heißt er macht der bestehenden Rechtsordnung ihre Legitimität streitig, er stellt die gesetzliche Autoriät, die Macht der Justiz und schließlich die rechtmäßige Autorität und Macht des Staates, der seine Klienten vor dem Gesetz erscheinen läßt, radikal in Abrede. Der Angeklagte erscheint vor der gesetzlichen Autorität, ohne (vor ihr) zu erscheinen; er beansprucht das Recht, der Rechtsordnung ihr Recht streitig machen zu können. Doch um welche Rechtsordnung geht es? Geht es um die Rechtsordnung im allgemeinen oder um eine spezifische Rechtsordnung, die ein bestimmter Staat eingesetzt und »enforced« hat? Oder um die Ordnung, die mit dem Staat im allgemeinen sich deckt?

Das unterscheidende, diskriminierende Beispiel ist hier wohl das des Streikrechts. Benjamin merkt an, daß im Klassenkampf das Streikrecht den Arbeitern garantiert wird: neben dem Staat sind sie also das einzige »Rechtssubjekt«, das die Garantie eines »Rechts auf Gewalt« erhält und das folglich an dem Monopol partizipiert, welches der Staat in dieser Hinsicht innehat. Manche haben dagegen eingewendet, daß das Streiken, diese Unterlassung von Handlungen, dieses *Nicht-Handeln** nicht als Gewalt bezeichnet werden darf, weil es eben keine Handlung ist. Dies dient dann als Rechtfertigung für die Einräumung des Streikrechts, wo die

Staatsgewalt sie nicht mehr umgehen kann. Die Gewalt wird aus solcher Sicht vom Arbeitgeber ausgeübt; der Streik besteht nur in einer Abkehr, in einem Sich-Entfernen, das keineswegs gewaltsam ist und durch das der Arbeiter, der die Beziehungen zum Unternehmer und zu seinen Maschinen abbricht, diesen fremd wird. Brechts späterer Freund bestimmt diese Abkehr als *»Entfremdung«**. Er setzt das Wort in Anführungszeichen. Doch offensichtlich glaubt Benjamin nicht an das Argument der Gewaltlosigkeit des Streiks. Die Streikenden stellen Bedingungen, um die Arbeit wieder aufzunehmen, sie brechen den Streik nur ab, wenn sich ein bestimmter Stand der Dinge geändert hat. Gewalt steht also gegen Gewalt. Indem er das Streikrecht an seine eigenen Grenzen rühren läßt, offenbart der Begriff (das Losungswort) des Generalstreiks dessen Wesen. Der Staat erträgt dieses Bis-an-die-Grenze-Gehen nur schlecht. Er hält es für einen Mißbrauch (des Streikrechts) und behauptet, daß ein Mißverständnis vorliegt, daß die ursprüngliche Absicht falsch verstanden, falsch gedeutet worden ist und daß »das Streikrecht ›so‹ nicht gemeint gewesen sei« (S. 184). Er kann den Generalstreik als widerrechtlich verurteilen; wenn dieser jedoch weiterhin anhält, stehen wir vor einer revolutionären Situation. Eine solche Situation ist die einzige, die es uns erlaubt, die Gleichartigkeit von Recht und Gewalt zu denken: die Gleichartigkeit der Gewalt als Ausübung des Rechts und des Rechts als Gewaltausübung. Die Gewalt ist der Rechtsordnung nicht äußerlich. Sie bedroht das Recht in dessen Innerem. Sie besteht nicht wesentlich in der praktischen Kundgebung ihrer Mächtigkeit oder einer brutalen Kraft, deren Ziel das Erreichen eines Ergebnisses ist, sondern darin, daß sie eine gegebene Rechtsordnung bedroht oder zerstört; unter den Umständen, um die es hier geht, bedroht oder zerstört sie also die staatliche Rechtsordnung, die das Recht auf Gewalt (zum Beispiel das Streikrecht) zugestanden hat. Wie soll man diesen Widerspruch deuten? Ist er nur *de facto* wirksam, bleibt er dem Recht äußerlich oder wohnt er ihm, wohnt er dem Recht des Rechts inne?

Der Staat, das Recht, das die größte Gewalt und die größte Kraft hat, fürchtet nicht eigentlich das Verbrechen und die Erpressung, die eine Übertretung des Gesetzes darstellen, eine Übertretung mit dem Ziel einer partikularen Bereicherung; auch dann nicht, wenn diese Bereicherung beachtlich ist und wenn Verbrechen und Erpressung in einem hohem Maße vorkommen, wie etwa im Falle der Mafia oder des in großem Umfange betriebenen Drogenhandels. Der Staat fürchtet sich vor der »begründenden« Gewalt (S. 185), vor der Gewalt, die in der Lage ist, Rechtsverhältnisse zu legitimieren oder zu verändern, und die selbst als jenes, was ein Recht auf das Recht hat, erscheinen kann. Diese Gewalt gehört im voraus einer Rechtsordnung an, die noch verwandelt oder begründet werden muß, mag sie auch unser »Gerechtigkeitsgefühl« verletzen. Allein diese Gewalt erfordert und ermöglicht eine »Kritik der Gewalt«, welche die Gewalt nicht bloß als natürliche Kraftausübung bestimmt. Damit eine Kritik, will sagen eine deutende und bedeutende Bewertung und Abwägung der Gewalt möglich ist, muß man zunächst einer Gewalt Sinn verleihen, die nicht wie ein Unfall dem Recht von außen zustößt. Jenes, was das Recht bedroht, gehört ihm bereits an, gehört zum Recht des Rechts, gehört zum Recht auf das Recht, gehört zum Ursprung des Rechts – ursprünglich. Der Generalstreik versieht uns so mit einem kostbaren Leitfaden, da er ein verliehenes Recht ausübt, um die existierende Rechtsordnung in Frage zu stellen und eine revolutionäre Situation zu schaffen, in der es darum geht, ein neues Recht, ja vielleicht auch einen neuen Staat zu (be)gründen (dies wird uns sogleich deutlich werden). Alle revolutionären Situationen, alle revolutionären Diskurse, ob sie von links oder von rechts stammen (von 1921 an hat es in Deutschland eine große Anzahl davon gegeben; sie ähneln sich alle auf undurchsichtige, verstörende Weise: Benjamin steht häufig zwischen den beiden Extremen), rechtfertigen die Gewaltanwendung, indem sie sich auf die Einrichtung eines neuen Rechts berufen, die gerade stattfindet oder die noch aussteht. Da dieses ausstehende Recht rückwirkend (im Austausch) die Gewalt rechtfertigt, die das Gerechtigkeitsgefühl verletzen mag, wird sie bereits von dessen vergangener Zukunft rechtfertigt. Alle Staaten werden in einer Situation gegründet, die man in dem angeführten Sinne revolutionär nennen kann. Die Staatsgründung markiert das Aufkommen eines neuen Rechts, sie tut es immer unter Anwendung von Gewalt. Immer: selbst dann, wenn sich nicht jene spektakulären Völkermorde, Ausstöße, Ausweisungen, Deportationen ereignen, die häufig die Gründung von Staaten begleiten: von kleinen oder großen, alten oder modernen Staaten, von Staaten, die in unserer Nähe oder in großer Entfernung gegründet werden.

In diesen Situationen der Staatsgründung oder der Begründung des Rechts verhält es sich so, daß die grammatikalische Kategorie des zweiten Futurs (der vergangenen Zukunft) noch allzusehr einer bloßen Modifikation des Präsens (der Gegenwart) ähnelt, um die gerade statthabende Gewalt zu beschreiben. Jene, die »unsere Zeit« sagen und dabei »unsere Gegenwart« im Lichte einer zukünftig vergangenen Gegenwart oder Anwesenheit denken, wissen definitionsgemäß nicht genau, was sie sagen. Gerade in diesem Nicht-Wissen besteht das Ereignishafte des Ereignisses, das, was man auf naive Weise als dessen Gegenwart, als dessen Vorhandensein bezeichnet.[22]

Diese Augenblicke (vorausgesetzt, man kann sie absondern und für sich betrachten) versetzen uns in Schrecken. Sicherlich aufgrund des Leidens, der Verbrechen, der Foltern, mit denen sie fast immer einhergehen, aber auch, weil

22 Vgl. Jacques Derrida, *Déclaration d'indépendance* (s. Anm. 3).

sie in sich selbst, weil sie in ihren gewaltsamen Zügen sich nicht deuten oder entziffern lassen. Darin besteht, was ich überbenenne, indem ich ihm den Beinamen des »Mystischen« beilege. So wie Benjamin sie darstellt, ist diese Gewalt wohl lesbar, ja sie erschließt sich wohl dem Verständnis, da sie dem Recht gegenüber nicht ein Fremdes ist, ebensowenig wie *polemos* oder *eris* den verschiedenen Gestalten und Bedeutungen von *dike* gegenüber ein Fremdes sind. Im Recht ist sie indes jenes, was das Recht suspendiert. Sie unterbricht das etablierte Recht, um ein neues zu begründen. Dieser Augenblick der Suspension, des Schwebens oder In-der-Schwebe-Haltens, diese *Epoché*, dieses rechts(be)gründende oder das Recht umstürzende, revolutionäre Moment sind im Recht eine Instanz des Nicht-Rechts (des Unrechts). Doch das macht zugleich auch die gesamte Geschichte des Rechts aus; mit dem Recht hat es eben das auf sich. *Dieser Augenblick ereignet sich stets und ereignet sich nie in einer Gegenwart.* Es ist der Augenblick, da die Begründung des Rechts im Leeren oder über dem Abgrund schwebt, an einem reinen performativen Akt hängend. Alles verhält sich so, als wäre dieser Akt niemandem Rechenschaft schuldig und als müßte er vor niemandem Rechenschaft ablegen. Das Subjekt, das dieses reine Performativum supponiert, stünde dann nicht mehr vor dem Gesetz, oder vielmehr: es stünde vor einem noch unbestimmten Gesetz, es stünde vor dem Gesetz als vor einem noch nicht existierenden Gesetz, als vor einem Gesetz, das noch aussteht, das noch kommt, das noch bevorsteht, das noch kommen muß und soll. Das »Vor-dem-Gesetz-Sein«, das Kafka beschreibt[23], hat Ähnlichkeit mit dieser zugleich gewöhnlichen und furchtbaren Lage des Menschen, der das Gesetz nicht zu sehen bekommt, der vor allem nicht an es rühren, der nicht zu ihm gelangen kann: das Gesetz ist nämlich in dem Maße transzendent, in dem der Mensch selbst es

23 Vgl. Jacques Derrida, *Préjugés* (s. Anm. 3).

unter Gewaltanwendung begründen muß, und zwar als kommendes. Man »rührt« hier an ein außergewöhnliches Paradoxon (ohne es zu berühren): die unzugängliche Transzendenz des Gesetzes, vor dem der »Mensch« (räumlich und zeitlich) steht, scheint nur soweit unendlich transzendent und also theologisch zu sein, wie sie, dem »Menschen« ganz nahe, von ihm allein abhängt, von dem performativen Akt, durch den er sie einrichtet: das Gesetz ist transzendent, gewaltsam und nicht gewaltsam, weil es bloß von dem abhängt, der vor ihm steht – der ihm zuvor da ist –, der es durch ein absolutes Performativum, dessen Gegenwart sich ihm stets entzieht, hervorbringt, begründet, gutheißt. Das Gesetz ist transzendent und theologisch, es bleibt immer im Kommen, es ist immer ein Versprochenes, weil es immanent, endlich und folglich bereits vergangen ist. Jedes »Subjekt« befindet sich im voraus in dieser aporetischen Situation, es ist im voraus deren Gefangener.

Einzig die Zukunft wird die Verständlichkeit oder die Deutbarkeit dieses Gesetzes erzeugen. Hält man sich nicht mehr an den Buchstaben des Benjaminschen Texts, geht man über ihn hinaus (im Augenblick gehe ich ihm nicht in Gestalt eines Kommentars, einer Texterläuterung nach; vielmehr interpretiere ich ihn, indem ich mich von seiner Zu-kunft leiten lasse), so kann man sagen, daß die Verständlichkeit und die ihr eigene Ordnung ihrerseits von der eingerichteten Ordnung abhängen, deren Deutung sie dienen. Die Lesbarkeit wird also ebensowenig neutral wie gewaltfrei sein. Eine »gelungene« Revolution, eine »gelungene« Staatsgründung (in dem Sinne etwa, in dem man von einem »›felicitous‹ performative speech act« redet) wird im nachhinein hervorbringen, was hervorzubringen sie im vorhinein bestimmt war: Interpretationsmodelle, die sich zu einer rückwirkenden Lektüre eignen, die geeignet sind, der Gewalt, die unter anderem das fragliche Interpretationsmodell selbst (das heißt den Diskurs ihrer eigenen Rechtfertigung) hervorgebracht hat, Sinn zu verleihen – die geeignet sind, die Notwendigkeit und besonders die Legitimität dieser Gewalt hervorzuheben. Es mangelt nicht an Beispielen für diesen Kreis, für diesen anderen hermeneutischen Zirkel: man findet sie in unsere Nähe oder weit von uns entfernt, hier, an diesem Ort, oder anderswo, gleichgültig, worum es sich handelt: um das, was sich in einer großen Hauptstadt zuträgt (in diesem oder jenem Viertel, im Übergang von einem Viertel zum anderen, in dieser oder jener Straße, im Übergang von einer Straße zur anderen), um das, was zwischen verschiedenen Ländern oder Lagern geschieht, kreisend um einen Weltkrieg, in dessen Verlauf Staaten und Nationen gegründet, zerstört oder wiederaufgebaut werden. Man muß diesen Beispielen Beachtung schenken, will man ein internationales Recht von seinen Begrenzungen befreien und in seinen Grenzen erfassen, ein Recht, das auf dem westlichen Begriff der staatlichen Souveränität und der Nicht-Einmischung aufgebaut ist; erst so wird man die unendliche Perfektibilität dieses Rechts denken können. Es gibt Fälle, bei denen man über Generationen hinweg nicht weiß, ob das Performativum einer gewaltsamen, gewalttätigen Staatsgründung »felicitous« war oder nicht. Wir könnten mehr als ein Beispiel dafür anführen. Diese Unlesbarkeit der Gewalt rührt gerade von der Lesbarkeit einer Gewalt her, die, wenn Sie so wollen, dem angehört, was andere die symbolische Ordnung des Rechts nennen würden – sie gehört aber nicht der reinen Physik an. Man könnte versucht sein, die »Logik« (ich setze den Begriff in Anführungszeichen, da das »Unlesbare«, um das es geht, auch »unlogisch« ist, wenn man es an der Ordnung des Logos mißt; das ist auch der Grund dafür, daß ich zögere, es »symbolisch« zu nennen und es übereilt dem Lacanschen Diskurs und dessen Ordnung zuzuweisen) dieser lesbaren Unlesbarkeit wie ein Handschuh umzustülpen. Im Grunde zeigt sie eine juridisch-symbolische Gewalt, eine performative Gewalt im

Inneren der deutenden Lektüre selber an. Eine Metonymie könnte außerdem das Beispiel oder das Indiz (den Anhaltspunkt) so wenden, daß es sich auf die begriffliche Allgemeinheit des Wesens bezieht.

Man würde dann behaupten, daß in jeder deutenden Lektüre die Möglichkeit eines Generalstreiks liegt, ja daß sie ein Recht auf den Generalstreik in sich schließt: ein Recht darauf, dem bestehenden Recht, das seine größte Macht, seine größte Autorität vom Staat bezieht, eben diese streitig zu machen. Man hat das Recht, die legitimierende Macht oder Autorität und all ihre Lesevorschriften zu suspendieren, man kann dies im Zuge des treuesten, wirksamsten, treffendsten Lesens tun, eines Lesens, das natürlich zum Unlesbaren in Bezug tritt, zuweilen – aber nicht immer, um eine andere Leseordnung zu (be)gründen, einen anderen Staat; wir werden noch sehen, daß Benjamin zwei Arten Generalstreik unterscheidet: der eine zielt darauf, eine Staatsordnung durch eine andere zu ersetzen (politischer Generalstreik), der andere hingegen darauf, den Staat zu vernichten (proletarischer Generalstreik). Damit sind letztlich die beiden Versuchungen der Dekonstruktion bezeichnet.

Jede instaurierende Lektüre, die dem etablierten Kanon und den Lesevorschriften gegenüber unlesbar bleibt, unlesbar gegenüber dem gegenwärtigen Stand [*état*] des Lesens oder der Lesarten, unlesbar gegenüber dem, was der Staat [*Etat, avec un grand E*] für eine gegenwärtige mögliche Lektüre darstellt – jede instaurierende Lektüre zeitigt nämlich einen Generalstreik und folglich eine revolutionäre Situation. Vor einen solchen Generalstreik gestellt, kann man dann von Fall zu Fall entweder von Anarchismus, Skeptizismus oder Nihilismus, von einer Entpolitisierung oder aber einer subversiven Überpolitisierung reden. Heute braucht der Generalstreik nicht spektakulär zu sein und viele Menschen zu demobilisieren oder zu mobilisieren: es reicht aus, an ausgesuchten Orten (dort etwa, wo sich das öffentliche oder private Post- und Fernmeldewesen, der Rundfunk und das Fernsehen befinden) die Stromzufuhr zu unterbrechen, einige wirksame Viren in ein ausgewähltes Computer-Netz einzuführen oder – analog dazu – das entsprechende Aids in die Übertragungsorgane, in das hermeneutische *Gespräch** einzulassen.[24]

Kann das, was wir hier tun, wie ein Generalstreik oder eine Revolution aussehen, wenn man es an Modellen, Strukturen, aber auch Leseformen des politischen Handelns mißt? Ist das die Dekonstruktion? Handelt es sich dabei um einen Generalstreik oder um eine Strategie des Risses, des (Ab)bruchs? Darauf kann man mit ja und nein antworten. Mit »ja« in dem Maße, in dem die Dekonstruktion sich das Recht nimmt, sich nicht nur theoretisch gegen die konstitutionellen Beurkundungen, gegen die Charta, die das Lesen in unserer Kultur und besonders in der Akademie regelt, aufzulehnen. Mit »nein« dagegen in dem Maße, in dem sich die Dekonstruktion noch in der Akademie, im akademischen Bereich entfaltet (wollen wir uns nicht lächerlich machen oder es an Anstand mangeln lassen, so dürfen wir nicht vergessen, daß wir uns hier auf der Fifth Avenue bequem eingerichtet haben – nur wenige Häuserblocks von diesem Ort entfernt dringen wir schon in die Hölle der Ungerechtigkeit). So wie eine Strategie des Risses oder des (Ab) bruchs nie rein sein kann, weil der Anwalt oder der Angeklagte vor einem Gericht oder im Laufe eines im Gefängnis stattfindenden Hungerstreiks diese Strategie irgendwie »aushandeln« müssen, so ist auch der Gegensatz zwischen einem politischen Generalstreik, der einen anderen Staat wieder zu gründen sucht, und einem proletarischen Generalstreik, der den Staat zerstören will, nie ein reiner Gegensatz.

Es scheint mir also dringend zu sein, diese Benjamin-

24 Vgl. Jacques Derrida, *Rhétorique de la drogue*, in: *Autrement*, »L'esprit des drogues«, Paris 1989.

schen Gegensätze zu dekonstruieren; sie dekonstruieren sich selbst, auch als Paradigmen für die Dekonstruktion. Was ich damit behaupte, ist ganz und gar nicht konservativ und anti-revolutionär. Denn über das von Benjamin formulierte Vorhaben hinaus möchte ich eine Interpretation vorschlagen, die deutlich macht, daß die »rechtsetzende Gewalt« eine »rechtserhaltende Gewalt« in sich bergen muß und sich nicht von ihr loslösen kann. Es gehört zur Struktur der (be)gründenden Gewalt, daß sie eine Wiederholung ihrer selbst erfordert, daß sie jenes (be)gründet, was erhalten werden und erhaltbar sein muß: dem Erbe und der Überlieferung versprochen, dem Teilen. Eine Gründung (eine Grundlegung) ist ein Versprechen. Jede Setzung ermöglicht und verspricht (etwas), jede Setzung bringt (etwas) vor [*promet*], jede Setzung setzt (etwas), indem sie (etwas) ein- und vorbringt. Selbst wenn ein Versprechen nicht in die Tat umgesetzt und gehalten wird, schreibt die Iterabilität das Versprechen des Erhaltens in den Augenblick der Gründung ein, der für den gewaltsamsten Durchbruch sorgt. Sie schreibt so die Möglichkeit der Wiederholung in das Herz des Ursprünglichen ein; im Herzen des Ursprünglichen ist sie die Inschrift dieser Möglichkeit. Damit gibt es keine reine Rechtsetzung oder -gründung, es gibt keine reine (be)gründende Gewalt, ebensowenig wie es eine rein erhaltende Gewalt gibt. Die Setzung ist bereits Iterabilität, Ruf nach einer selbsterhaltenden Wiederholung. Die Erhaltung verhält sich ihrerseits wieder-gründend, um jenes erhalten zu können, was sie zu (be)gründen beansprucht. Es besteht also kein strenger Gegensatz zwischen der Setzung und der Erhaltung; es gibt allein das, was ich als *differantielle* [*différantielle*] *Kontamination*, die zwischen Setzung und Erhaltung sich ereignet, bezeichnen möchte (Benjamin hat keinen Namen dafür), unbeschadet der Paradoxien, die sich daraus ergeben mögen. Ich denke hier vor allem an das Paradoxon der Singularität, der Einzigartigkeit, der Vielfalt an

Singularitäten. Die Wiederholung ist die Möglichkeit der Einzigartigkeit des Einzigen, Einzigartigen – dessen paradoxale Iterabilität. Keine strenge Unterscheidung zwischen einem Generalstreik und einem partiellen Streik (in einer Industriegesellschaft fehlen wohl die Kriterien, die es ermöglichen, eine solche Unterscheidung zu treffen); keine strenge Unterscheidung – im Sinne Sorels – zwischen einem politischen Generalstreik und einem proletarischen. Die Dekonstruktion ist auch ein Denken dieser *differantiellen Kontamination*, ein Denken, das in deren Notwendigkeit eingefaßt ist. Wenn ich nun einen Satz Benjamins hervorhebe, auf den ich hoffentlich später noch zurückkommen kann, so deshalb, weil ich gerade diese *differantielle Kontamination* im Sinne habe, diese Kontamination im Herzen des Rechts; es sei »etwas Morsches im Recht«, schreibt Benjamin (S. 188). Dieses Morsche, Wurmstichige oder Verdorbene verurteilt oder ruiniert das Recht im voraus. Das Recht ist verurteilt, ruiniert, verfallen wie eine Ruine, ruinös – wenn man denn ein Todesurteil über das Recht aussprechen kann, gerade dort, wo es auch um die Todesstrafe geht. Benjamin spricht nämlich in einem Absatz, der die Todesstrafe behandelt, von dem, was am Recht morsch, »rotten« ist.

Wenn jede Interpretation in sich Streik und Streikrecht birgt, so birgt sie ebenfalls Krieg und *polemos*. Der Krieg ist ein weiteres Beispiel für diesen dem Recht innewohnenden Widerspruch. Es gibt ein Kriegsrecht (Schmitt klagt darüber, daß es nicht mehr als die Möglichkeit des Politischen selbst anerkannt wird). Dieses Recht geht mit den nämlichen Widersprüchen einher, die das Streikrecht kennt. Dem Anschein nach erklären Rechtssubjekte den Krieg, um Gewalten zu sanktionieren, deren Zwecke natürlich anmuten (der andere möchte sich der Gebiete, der Güter, der Frauen bemächtigen; er will meinen Tod, ich töte ihn). Doch diese kriegerische Gewalt, die einer »raubenden Gewalt« ähnelt (S. 185), entfaltet sich immer *im Inneren* der Rechtssphäre. Sie ist eine Anomalie *im Inneren* der Rechtsverhältnisse, mit denen sie zu brechen scheint. Der Abbruch der Beziehungen stellt hier die Beziehung dar. Der Übertritt steht weiterhin vor dem Gesetz. In den sogenannten primitiven Gesellschaften, die an dieser Stelle das Bedeutende eher bloßlegen, macht die Friedensschließung deutlich, daß der Krieg kein natürliches Phänomen ist. Kein Frieden läßt sich ohne das symbolische Phänomen eines Zeremoniells schließen. Dieses Phänomen erinnert daran, daß der Krieg bereits zeremonielle Züge trägt. Der Krieg reduziert sich also nicht auf den Zusammenstoß zweier rein physischer Interessen oder Kräfte (Gewalten). In dem Raum, den das Begriffspaar Krieg und Frieden absteckt, ruft das Friedenszeremoniell zwar jenes, was am Krieg nicht natürlich ist, ins Gedächtnis zurück; eine wichtige Parenthese weist hier jedoch darauf hin, daß Benjamin eine bestimmte Bedeutung des Wortes »Frieden« der Korrelation, die jenes Begriffspaar bildet, entziehen möchte, vor allem im Hinblick auf Kants Begriff des »ewigen Friedens«. Es handelt sich dabei um eine ganz andere »unmetaphorische und politische« Bedeutung; ihre Tragweite werden wir noch ermessen. Auf dem Spiel steht dabei das internationale Recht: das Risiko einer Verkehrung und Entartung, die partikularen Interessen dienen (mögen es staatliche Interessen sein oder nicht), erfordert eine unendliche Wachsamkeit, besonders deshalb, weil es der Konstituion des Rechts selber einbeschrieben ist.

Auf das Kriegszeremoniell folgend, bedeutet das Friedenszeremoniell, daß der Sieg ein neues Recht einsetzt. Der Krieg, der für eine »ursprüngliche und urbildliche« Gewalt zu Naturzwecken (S. 186) gehalten wird, ist tatsächlich eine rechtsetzende Gewalt. In dem Augenblick, da man diesen positiven, setzenden, begründenden Charakter (an)erkennt (gesetzt, begründet wird ein anderes Recht; positiv, setzend, begründend ist ein anderes Recht), verweigert das moderne Recht dem einzelnen Subjekt jedes Recht auf Gewalt. Der Erschauern, das die Bewunderung prägt, die der »große Verbrecher« beim Volk erregt, wird von einem Individuum ausgelöst, das wie in Urzeiten die Wunden des Gesetzgebers oder des Propheten trägt. Es wird jedoch schwer sein, die Unterscheidung zwischen den beiden Gewalten (der setzenden, [be]gründenden, und der erhaltenden, konservativen) zu treffen, zu begründen und zu erhalten. Wir werden nun einem zweideutigen und mühsamen Vorgehen beiwohnen, durch das Benjamin den Versuch unternimmt, um jeden Preis eine Unterscheidung oder eine Korrelation zu retten, ohne die sein gesamtes Vorhaben zu scheitern droht. Wenn nämlich die Gewalt den Ursprung des Rechts ausmacht, fordert der Verstand, daß man die Kritik »der rechtsetzenden wie der rechtserhaltenden Gewalt« (S. 188) zum Abschluß bringt.

Um der rechtserhaltenden Gewalt sich zu nähern, bezieht sich Benjamin auf relativ moderne Probleme – auf Probleme, die so modern sind wie das des Generalstreiks. Nun geht es um die allgemeine Wehrpflicht, um die moderne Polizei, um die Abschaffung der Todesstrafe. Hatte sich während des Ersten Weltkriegs und nach ihm eine leidenschaftliche Kritik der Gewalt entfaltet, so zielte sie auf die erhaltende Gestalt der Gewalt. Der Militarismus – ein moderner Begriff, der erst durch die allgemeine Wehrpflicht entstehen konnte – ist die zwangshafte Anwendung der Gewalt, der »Zwang zur Anwendung von Gewalt« im Dienst des Staates und seiner gesetzmäßigen Zwecke. Die Militärgewalt ist gesetzmäßig und erhält das Recht, es ist also weitaus schwieriger, sie zu kritisieren, als die Pazifisten und die Aktivisten mit ihren Deklamationen glauben; Benjamin macht keinen Hehl daraus, daß er für Pazifisten und Aktivisten wenig Wertschätzung empfindet. Inkonsequent sind die anti-militaristischen Pazifisten, weil sie nicht den gesetzmäßigen und unangreifbaren Charakter der rechtserhaltenden Gewalt zu erkennen vermögen.

Wir stehen hier vor einem *double-bind*, vor einem Widerspruch, den man auf folgende Weise schematisieren kann: Auf der einen Seite scheint es *einfacher* zu sein, die (be)gründende Gewalt zu kritisieren, weil sie sich auf keine bereits vorhandene Gesetzlichkeit berufen kann, weil eine solche Gesetzlichkeit sie nicht rechtfertigen kann und weil sie folglich ungebändigt und wild dünkt; auf der anderen Seite indes (was das Interesse an diesem Gedankengang weckt und ihn interessant macht, ist diese Umkehrung), ist es *schwerer*, illegitimer, die (be)gründende Gewalt zu kritisieren, da sie nicht vor die Institution eines schon bestehenden Rechts vorgeladen werden kann: sie erkennt das schon bestehende Recht in dem Augenblick, in dem sie ein anderes begründet, nicht an. Zwischen den beiden Gliedern dieses Widerspruchs taucht die Frage nach dem revolutionären Moment auf, das man nicht ergreifen, nicht einfangen kann: es gehört keinem geschichtlichen und zeitlichen Kontinuum an. Die Begründung eines neues Rechts ist aber in diesem Moment auch ein Handhaben (wenn man sich so ausdrükken kann) des vorgängigen Rechts; etwas, was mit dem vorgängigen Recht zu tun hat, wird erweitert, radikalisiert, entstellt, metaphorisiert oder metonymisiert. Diese Figur erhält hier die Namen des Kriegs und des Generalstreiks. Sie ist jedoch ebenfalls eine Kontamination. Sie verwischt oder trübt den reinen und einfachen Unterschied zwischen (Be)gründung und Erhaltung. Sie schreibt die Iterabilität in das Ursprüngliche ein, in das Einzigartige und Singuläre; ich würde dies als Dekonstruktion, die am Werk ist, bezeichnen – als Dekonstruktion, die mitten in der Verhandlung steht: in den »Sachen« selbst und in Benjamins Text.

Solange man sich nicht um die theoretischen und philosophischen Mittel bemüht, derer es bedarf, um diese Koimplikation der Gewalt und des Rechts zu denken, nehmen sich die üblichen Kritiken naiv und inkonsequent aus. Benjamin verbirgt keineswegs die Verachtung, die er den Deklamationen des pazifistischen Aktivismus und den Proklamationen »eines geradezu kindischen Anarchismus«, der die Person von jedem Zwang befreien möchte (S. 187), entgegenbringt. Die Bezugnahme auf den kategorischen Imperativ (»Handle so, daß Du die Menschheit sowohl in Deiner Person als in der Person eines jeden Anderen jederzeit zugleich als Zweck, niemals bloß als Mittel brauchest« [S. 187]) reicht nicht aus, so unanfechtbar sie auch sein mag. Mit der ihm eigenen Gewalt beansprucht das Recht, eben die Menschheit als Zweck anzuerkennen und zu verteidigen, und zwar in der Person eines jeden einzelnen. Eine rein moralische Kritik der Gewalt erweist sich also als ebenso ungerechtfertigt wie ohnmächtig. Aus denselben Gründen kann man die Gewalt auch nicht im Namen der Freiheit kritisieren, im Namen dessen, was Benjamin hier die »gestaltlose ›Freiheit‹« nennt, das heißt im Namen einer bloß formellen Freiheit, einer Freiheit, die eine leere Form ist – Benjamin folgt einer hegelianisch-marxistischen Ader; sie fehlt in seinem Gedankengang keineswegs. Den angeführten Angriffen auf die Gewalt geht die Pertinenz und die Wirksamkeit ab, weil sie mit dem gesetzlichen Wesen des Rechts, mit der »Rechtsordnung« nicht vertraut sind. Eine wirksame Kritik muß dem Rechtskörper selbst entgegentreten, ihn an Haupt und Gliedern anfechten, statt bloß die Gesetze und die besonderen Rechtsbräuche anzugreifen, die das Recht in den Schutz seiner Macht nimmt. Die Rechtsordnung ist so eingerichtet, daß es »nur ein einziges Schicksal« (S. 187) – nur ein einziges Geschick, nur eine einzige Geschichte – gibt. Dieser Begriff des Schicksals (des Schicksals selbst oder seiner vollkommenen Einzigartigkeit) ist ein Schlüsselbegriff des Textes, aber auch einer der dunkelsten. Das Bestehende und jenes, was das Bestehende bedroht – das Drohende gehören »unverbrüchlich« *derselben Ordnung* an (S. 188); diese Ordnung ist »unverbrüchlich«, weil sie einzigartig ist. Man kann ihr allein *in ihrem Inneren* Gewalt zufügen, allein *in ihrem Inneren* kann man sie verletzen oder übertreten. Die Vorstellung einer Drohung ist an dieser Stelle wichtig, auch sie läßt sich aber nicht einfach bestimmen: die Drohung kommt nämlich nicht von außen. Das Recht ist drohend und wird zugleich von sich selbst bedroht. Eine solche Drohung hat nicht den Sinn der Einschüchterung oder der Abschreckung, wie die Pazifisten, die Anarchisten oder die Aktivisten annehmen. Das Gesetz ist drohend wie das Schicksal. Um Zugang zu finden zum »tiefsten Sinn in der Unbestimmtheit der Rechtsdrohung« (S. 188) gilt es, das Wesen des Schicksals zu betrachten, das den Ursprung dieser Drohung bildet.

Im Zuge einer Betrachtung des Schicksals, die auch eine Analyse der Polizei, der Todesstrafe, der parlamentarischen Einrichtungen ist, unterscheidet Benjamin dann zwischen göttlicher und menschlicher Gewalt, zwischen einer göttlichen Gewalt, die das Recht zerstört, und einer mythischen Gewalt, die das Recht begründet.

Die rechtserhaltende Gewalt, die Drohung, die nicht einschüchtert, ist eine (Be)drohung des Rechts – sie stammt vom Recht her und sie bedroht es. Im Bereich der Strafen, in der Todesstrafe liegt hier ein wertvoller Hinweis. Benjamin scheint davon auszugehen, daß die Diskurse gegen das Recht auf Bestrafung und die Todesstrafe oberflächlich sind, und daß dieser Umstand kein Zufall ist. Denn sie verkennen ein für die Definition des Rechts wesentliches Axiom. Welches? Nun – wenn man die Todesstrafe angreift, fechtet man nicht eine Strafe unter vielen an, sondern das Recht selbst in seinem Ursprung, in seiner eigenen Ordnung. Wenn eine gewaltsame, gewalttätige Setzung den Ursprung des Rechts bildet, so erscheint sie dort am deutlichsten und am reinsten, wo die Gewalt absolut ist, wo sie an das Existenzrecht, an das Recht auf Leben und Tod rührt. Benjamin braucht hier nicht eigens geltend zu machen, daß vor ihm große philosophische Diskurse die Todesstrafe auf dieselbe Weise rechtfertigt haben (Kant, Hegel zum Beispiel gegen die ersten Anhänger einer Abschaffung der Todesstrafe wie Beccaria).

Offenbart sich die Rechtsordnung erst dann gänzlich, wenn die Möglichkeit der Todesstrafe besteht, so bedeutet deren Abschaffung nicht einfach, daß man ein Dispositiv unter vielen antastet. Sie zeigt vielmehr an, daß man das Prinzip des Rechts selber desavouiert. Man bestätigt damit, wie Benjamin sagt, daß im Recht etwas »Morsches« ist. Die Todesstrafe bezeugt, sie soll und muß bezeugen, daß das Recht eine widernatürliche Gewalt darstellt. Was aber heute auf eine noch »gespenstischere« Art ([S. 189] »gespenstisch«, *spectral* – nicht bloß »sinnestäuschend«, *hallucinant*, wie es in der französischen Übersetzung heißt) diesen Umstand bezeugt, ist eine Institution des modernen Staates, die Polizei, die beide Gewalten (die erhaltende und die [be]gründende) vermischt. Gespenstisch ist gerade diese »Vermischung«, als würde die eine Gewalt die andere heimsuchen (Benjamin formuliert es nicht auf diese Weise, er macht nicht auf den zweifachen Gebrauch des Wortes *gespenstisch** aufmerksam). Das Fehlen einer Grenze zwischen den beiden Gewalten, die Kontamination, die sich zwischen (Be)gründung und Erhaltung ereignet, ist schmachvoll, sie ist, wie Benjamin schreibt, »das Schmachvolle« der Polizei (S. 189). Denn diese begnügt sich gegenwärtig nicht mehr damit, das Gesetz anzuwenden und folglich zu erhalten; sie erfindet es, sie läßt Erlasse ergehen, sie greift jedesmal ein, wenn die gesetzliche Lage nicht eindeutig ist, mit der Absicht, die Sicherheit zu garantieren. Heute geschieht dies beinahe ununterbrochen. Die Polizei ist etwas Schmachvolles, weil in ihrer Macht, in ihrer Autorität – weil »in ihr die Trennung von rechtsetzender und rechtserhaltender Gewalt aufgehoben ist« (S. 189). Durch diese *Aufhebung**, die sie selber ist, erfindet die Polizei das Recht, wird sie zur *rechtsetzenden**, gesetzgebenden Macht, jedesmal, wenn das Recht unbestimmt genug ist, um ihr diese Möglichkeit einzuräumen. Dort, wo Polizei ist, überall also und auch an diesem Ort hier, kann man die beiden Gewalten, die setzende, (be)gründende, und die erhaltende, nicht länger unterscheiden; darin besteht die schmachvolle, schändliche, abstoßende Doppelsinnigkeit. Die Möglichkeit, ja die unausweichliche Notwendigkeit der modernen Polizei ruiniert – man könnte auch sagen: dekonstruiert die Unterscheidung zwischen zwei Gewalten, die den Diskurs strukturiert, den Benjamin als eine neue Kritik der Gewalt ausweist. Benjamin möchte diesen Diskurs begründen oder erhalten, beides läßt sich jedoch nicht rein durchführen. Er kann ihn höchstens signieren, wie man ein gespenstisches Ereignis signiert – er kann ihm höchstens die Signatur eines gespenstischen Ereignisses verleihen. Text und Signatur sind Gespenster. Benjamin weiß es – das Ereignis des Textes *Zur Kritik der Gewalt** besteht in dieser seltsamen Ex-position (Aus-setzung, Darlegung): der Vortrag eines Gedankengangs ruiniert vor Ihren Augen die Unterscheidungen, die er trifft. Der Gedankengang führt die Bewegung seiner eigenen Implosion vor und archiviert sie; er hinterläßt, was man einen Text nennt, das Gespenst eines Textes, der, selber verfallen, selber eine Ruine, Begründung und zugleich Erhaltung, weder das eine noch das andere gänzlich zu sein vermag und so verbleibt, bis zu einem gewissen Punkt, für eine gewisse Zeit, lesbar und unlesbar, einer exemplarischen Ruine gleich, die uns auf besondere Weise das Schicksal kundtut, die ein Warnzeichen des Schicksals ist, dem jeder Text und jede Signatur in dem Maße unterstehen, in dem sie sich zum Recht verhalten und damit zwangsläufig zu einer bestimmten Polizei. Um es also im Vorbeigehen anzumerken: es geht hier um den Status ohne Status, um den Status ohne Statut eines Textes, von dem man meinen kann, daß er ein dekonstruktiver Text ist, ein Dekonstruktions-Text, der Text dessen, was davon – von ihm selber – bleibt. Der Text entzieht sich nicht dem Gesetz, das er formuliert. Er ruiniert sich selber, steckt sich selber an, kontaminiert sich, er wird zum Gespenst seiner selbst. Doch über diese Ruine der Signatur läßt sich noch mehr sagen.

Was die Strenge der Unterscheidung zwischen den beiden Gewalten bedroht, ist im Grunde das Paradoxon der Iterabilität. Diese bewirkt, daß der Ursprung sich ursprünglich wiederholen und entstellen muß, um seinen Geltungsanspruch erheben und sich erhalten zu können. Sofort gibt es Polizei, die Polizei aber macht Gesetze, die begnügt sich nicht damit, ein Gesetz anzuwenden, so, als wäre es zuvor, ohne sie kraftlos. Diese Iterabilität schreibt die Erhaltung in die wesentliche Struktur der (Be)gründung, der Setzung ein. Bei diesem allgemeinen Gesetz oder dieser allgemeinen Notwendigkeit handelt es sich nicht um ein modernes Phänomen, vielmehr gelten sie *a priori*, mag Benjamin auch recht daran tun, Beispiele dafür zu geben, deren Spezifizität auf irreduktible Weise modern ist. Die Iterabilität verhindert mit aller Strenge (oder strikt betrachtet), daß es reine und große Gründer, Stifter, Gesetzgeber gibt (»große« Dichter, Denker oder Staatsmänner – in dem Sinne, in dem Heidegger 1935 von solchen Männern redet, einem analogen Schema folgend, das sich an dem unabwendbaren, verhängnisvollen Opfer der Gründenden ausrichtet).

Die Ruine ist in meinen Augen nichts Negatives, kein negativer Gegenstand.[25] Zunächst einmal ist sie offensichtlich kein Gegenstand, kein Ding. Ich würde gerne (vielleicht mit Benjamin oder im Gefolge Benjamins, vielleicht aber auch gegen ihn), eine kurze Abhandlung über die Liebe

25 Vgl. Jacques Derrida, *Mémoires d'aveugle. L'autoportrait et autres ruines* [Erinnerungen eines Blinden. Das Selbstbildnis und andere Ruinen], Réunion des Musées Nationaux, Paris 1990.

zu den Ruinen, über die Ruinenliebe abfassen. Was kann man denn sonst lieben? Man kann ein Denkmal, eine Bauart, ein Gebäude, eine Institution nur in dem Maße lieben, indem man die prekäre Erfahrung ihrer Zerbrechlichkeit macht: sie sind nicht immer da-gewesen, sie werden nicht immer da-sein, sie sind endlich. Als Sterblicher liebe ich sie genau deshalb, ich liebe ihr Sterbliches, ich liebe sie – sterblich, endlich, durch ihre Geburt und ihren Tod hindurch, durch das Gespenst oder den schattenhaften Umriß ihrer, meiner Ruine, die sie schon sind oder schon andeuten. Wie soll, wie kann man anders lieben als in solcher Endlichkeit? Woher würde sonst – wie würde anders das Recht zu lieben, ja die Liebe des Rechts und des Rechten, (uns zu)kommen?

Kehren wir zur Sache selbst zurück, das heißt zum Gespenst; dieser Text ist nämlich eine Gespenstergeschichte. Wir können dem Gespenst und der Ruine ebensowenig ausweichen wie der Frage nach dem rhetorischen Status dieses textuellen Ereignisses. Welcher (sprachlichen) Figuren bedient es sich für seine Exposition (für seine Darlegung und Aussetzung), für seine innere Explosion oder Implosion? Alle exemplarischen Figuren oder Gestalten der Rechtsgewalt sind singuläre Metonymien, will sagen: sie sind Figuren, Gestalten, die keine Grenzen kennen, losgelassene Möglichkeiten der Übertragung, Figuren ohne Figuren. Nehmen wir das Beispiel der Polizei, Indiz einer gespenstischen Gewalt, weil sie Setzung und Erhaltung vermischt und aus diesem Grund nur um so gewalttätiger wird. Nun – die Polizei, die auf solche Weise die Gewalt kapitalisiert, ist nicht einfach nur die Polizei. Sie besteht nicht bloß aus uniformierten Polizisten, die zuweilen einen Schutzhelm tragen, bewaffnet sind und sich in Form einer zivilen Struktur organisieren, deren Vorbild das Militär ist und der kein Streikrecht zuerkannt wird. Die Polizei ist *per definitionem* dort anwesend, dort vertreten, wo Gesetzeskraft existiert.

Überall dort, wo die gesellschaftliche Ordnung erhalten wird, ist sie anwesend, manchmal unsichtbar, stets aber voller Wirkungskraft. Die Polizei ist nicht einfach nur die Polizei (heute mehr oder weniger denn je), sie ist da, Figur ohne Figur, Gestalt ohne Gestalt eines *Daseins**, sich gleichermaßen erstreckend wie das *Dasein** der *polis*. Benjamin erkennt dies auf seine Art, dort, wo sich eine doppelte Geste ausmachen läßt, die ich nicht für beabsichtigt halte, zumindest nicht für thematisch behandelt. Niemals verzichtet Benjamin darauf, jenes mit einem Begriffspaar einzufassen oder auf Unterscheidungen zurückzuführen, was die Begriffe und die Unterscheidungen ununterbrochen übersteigt und über deren Eingrenzungen hinausgeht. Er gibt zwar zu, daß das Schlimme, Üble der Polizei, das, woran sie leidet, darauf beruht, daß sie eine Figur ohne Figur, eine Gestalt ohne Gestalt, eine »gestaltlose« Gewalt ist. Als solche ist sie »nirgends faßbar«. Im Leben der zivilisierten Staaten verbreitet sich ihre »gespenstische Erscheinung« (S. 189) allüberall. Dennoch möchte Benjamin, daß diese unfaßbare und gestaltlose Gestalt oder Figur der Polizei, die sich überall metonymisiert, gespenstisch verteilt und heimsuchend einrichtet, eine bestimmbare, den zivilisierten Staaten eigentümliche Figur oder Gestalt bleibt. Er gibt vor, zu wissen, wovon er spricht, wenn er von der Polizei im eigentlichen Sinne spricht und dieses Phänomen zu bestimmen sucht. Es wird nicht recht deutlich, ob er dabei (wenn er also die zivilisierten Staaten nennt) von der Polizei des modernen Staates oder von der Polizei des Staates im allgemeinen redet. Aus *zwei Gründen* neige ich eher zur ersten Annahme:

1. Benjamin wählt moderne Beispiele der Gewalt, etwa den Generalstreik oder das Problem der Todesstrafe. Er handelt nicht allein von den zivilisierten Staaten, sondern auch von einer »andern Institution des modernen Staates« – der Polizei. Es ist die *moderne* Polizei, die in *modernen* politisch-technischen Situationen das Gesetz hervorbringt,

von dem man annimmt, daß sie es eigentlich bloß anwendet.

2. Benjamin erkennt zwar, daß der gespenstische Körper (Korpus) der Polizei sich stets »gleichsieht«, mag er auch immer mehr Raum einnehmen; sein »Geist«, der Geist der Polizei, ist aber, wie Benjamin eingesteht, in der absoluten Monarchie weniger verheerend als in den modernen Demokratien, in denen sich eine Entartung seiner Gewalt beobachten läßt. Bleiben wir einen Augenblick hier stehen. Ich bin mir nicht sicher, daß Benjamin das Wort *»gespenstisch«** und das Wort *»Geist«** (im Sinne auch des gespenstischen Doppels) bewußt einander angenähert hat, wie ich es zu tun versuche. Doch die tief verankerte Logik dieser Analogie scheint in meinen Augen nicht wirklich anfechtbar zu sein, selbst wenn Benjamin sie nicht erfaßt hat. Die Polizei wirkt sinnestäuschend und gespenstisch, weil sie alles heimsucht; sie ist überall, ebenfalls dort, wo sie nicht ist: *Fort-Dasein**, auf das man sich immer berufen, das man immer anrufen kann. Ihre Anwesenheit ist ebensowenig anwesend wie – Heidegger zufolge – die Anwesenheit überhaupt anwesend ist; doch kennt die Anwesenheit ihres gespenstischen Doppels keine Grenzen. Es entspricht der Logik des Textes *Zur Kritik der Gewalt**, deutlich zu machen, daß jenes, was mit der Rechtsgewalt zu tun hat (etwa die Polizei selbst), nicht natürlich, sondern geistig ist. Es gibt einen Geist im Sinne des Gespenstes und im Sinne des Lebens, das dort, wo die Möglichkeit der Todesstrafe besteht, sich über das natürliche und biologische Leben erhebt – und zwar eben gerade durch den Tod. Die Polizei bezeugt es. Ich möchte an dieser Stelle einen Abschnitt aus dem *Ursprung des deutschen Trauerspiels** herbeirufen, der den Geist zum Gegenstand hat: den Geist als »Vermögen, Diktatur auszuüben«. Meinem Freund Tim Bahti danke ich dafür, meine Aufmerksamkeit auf diesen Abschnitt gelenkt zu haben (freilich müßte man das ganze Kapitel lesen: die »Geisterscheinun-

gen«[26] spielen darin auch eine Rolle): »Geist – so lautet die These des Jahrhunderts – weist sich aus in Macht; Geist ist das Vermögen, Diktatur auszuüben. Dieses Vermögen erfordert ebenso strenge Disziplin im Innern wie skrupelloseste Aktion nach außen.«[27] Am Ende des Abschnitts nennt Benjamin dann den »bösen Geist« der Despoten.

Statt in die Demokratie eingefaßt, statt in der Demokratie er selber zu sein, entartet darin der Geist der Polizei, die Polizeigewalt *als Geist*. Dieser Geist bezeugt in der modernen Demokratie »die denkbar größte Entartung der Gewalt« (S. 190). Weshalb? In der absoluten Monarchie sind legislative und exekutive Macht vereinigt. Die Gewalt ist in einer solchen Monarchie also normal, ihrem Wesen, ihrer Idee, ihrem Geist gemäß. Dagegen besteht in der Demokratie kein Einklang mehr zwischen der Gewalt und dem Geist der Polizei. Aufgrund einer angenommenen Gewaltentrennung wird die Gewalt auf illegitime Weise ausgeübt, zumal dann, wenn sie – wenn die Polizei das Gesetz nicht anwendet, sondern diktiert. Benjamin deutet hier das Prinzip einer Analyse der Wirklichkeit der Polizei oder der polizeihaften Wirklichkeit an, die den industriellen Demokratien und ihren militärisch-industriellen Komplexen mit hoher Computer-Technologie entspricht. So furchtbar sie auch sein mag, zeigt sich die Polizeigewalt in der absoluten Monarchie so, wie sie ist, so wie sie ihrem Geist gemäß oder in ihrem Geist sein muß und sein soll; die Polizeigewalt der Demokratien hingegen verneint ihr eigenes Prinzip, indem sie auf erschlichene Weise und im verborgenen Gesetze macht. Doppelte Schlußfolgerung oder doppelte (inbegriffene) Verwicklung: 1. Die Demokratie ist eine Entartung des Rechts und der Rechtsgewalt. 2. Es gibt noch keine Demokratie, die ihres Namens würdig ist. Die Demokratie

26 Walter Benjamin, *Ursprung des deutschen Trauerspiels*, in: ders., *Gesammelte Schriften*, Band I.1, Frankfurt am Main 1974, S. 273.
27 Ebd., S. 276.

bleibt im Kommen: sie muß noch erzeugt oder erneuert, regeneriert werden. Benjamins Diskurs, der sich nun in Richtung auf eine Kritik des Parlamentarismus liberaler Demokratien entwickelt, ist folglich *revolutionär*, ja er nimmt marxistische Züge an; revolutionär ist er aber im doppelten Sinne des Wortes, das ebenfalls eine reaktionäre Bedeutung hat, die einer Rückkehr zu der Vergangenheit eines reineren Ursprungs. Diese Zweideutigkeit ist ziemlich kennzeichnend, da eine große Anzahl rechter oder linker revolutionärer Diskurse von ihr gezehrt haben, vor allem zwischen den beiden Kriegen. Eine Kritik der »Entartung« als Kritik eines Parlamentarismus, dessen Ohnmacht es ihm verwehrt, die Polizeigewalt zu kontrollieren, die an seine Stelle tritt, ist tatsächlich eine Kritik der Gewalt vor dem Hintergrund einer »Geschichtsphilosophie«: archeo-teleologische, ja archeo-eschatologische Perspektivenbildung, welche (vom Ursprung aus) die Geschichte des Rechts als Verfall entziffert (der seit dem Ursprung fortdauert). Man braucht nicht eigens die Analogie hervorzuheben, die zwischen einem solchen Schema und denen Schmitts oder Heideggers besteht. Dieses Dreieck müßte man durch die Korrespondenz erläutern – durch den Briefwechsel, der die drei Denker verbindet (Schmitt/Benjamin, Heidegger/Schmitt). Stets geht es um den Geist und die Revolution.

Im Grunde stellt sich hier die Frage nach der parlamentarischen und liberalen Demokratie heute. Als Mittel (be)gründet, setzt oder erhält alle Gewalt das Recht. Es ließe sich ihr sonst kein Wert beimessen. Keine Rechtsproblematik ohne diese Gewalt der Mittel. Konsequenz: jeder *Rechtsvertrag** gründet auf Gewalt. Es gibt keinen Vertrag, für den Gewalt nicht Ursprung und Ausgang wäre. Ein Hinweis, den Benjamin auf verstohlene und elliptische Weise gibt, erweist sich hier, wie so häufig, als ausschlaggebend. Als rechtsbegründende oder rechtsetzende muß die Gewalt »nicht unmittelbar [im Vertrag] gegenwärtig sein«

(S. 190). Sie ist nicht unmittelbar gegenwärtig, wird aber von dem Supplement vertreten, das ein Ersatz bildet. In dieser *différance*, in der Bewegung, die die Gegenwart ersetzt (die unmittelbare Gegenwart der Gewalt, die sich als solche, ihren Zügen und ihrem Geist gemäß identifizieren läßt) – in dieser differ*a*ntiellen Vertretbarkeit, in diesem differ*a*ntiellen Repräsentationscharakter ereignet sich das Vergessen der ursprünglichen Gewalt. Ein solcher das Gedächtnis auslöschender Bewußtseinsschwund geschieht nicht zufällig. Er ist nichts anderes als der Übergang von der Gegenwart oder der Anwesenheit zur Repräsentation: der Übergang, der den Weg des Niedergangs, der institutionellen Entartung, des *Verfalls** vorzeichnet. Benjamin redet, wie wir gerade gesehen haben, von einer »Entartung« der ursprünglichen Gewalt, von einer Entartung zum Beispiel der Polizeigewalt der absoluten Monarchie, die in den modernen Demokratien verdirbt und in Verfall gerät. Nun beklagt Benjamin den »Verfall« der Revolution im parlamentarischen Schauspiel: »Schwindet das Bewußtsein von der latenten Anwesenheit der Gewalt in einem Rechtsinstitut, so verfällt es.« (S. 190) Das erste Beispiel, das Benjamin dafür wählt, ist das der Parlamente seiner Zeit. Bieten sie ein jammervolles Schauspiel, so deshalb, weil diese repräsentativen Institutionen die revolutionäre Gewalt vergessen, der sie entstammen. In Deutschland vor allem haben sie die mißglückte Revolution des Jahres 1919 vergessen. »Ihnen fehlt der Sinn für die rechtsetzende Gewalt, die in ihnen repräsentiert ist«, schreibt Benjamin (S. 190). Die Parlamente zeitigen ihr Dasein, indem sie die Gewalt, die sie hervorgebracht hat, vergessen. Diese Verleugnung, die von einer Amnesie zeugt, ist keine psychologische Schwäche, sie ist vielmehr das Statut, der Status oder die Struktur der Parlamente. Statt deshalb zu Beschlüssen zu gelangen, die der (verleugneten) Gewalt entsprechen würden, die ihr gemäß, ihrer »würdig« wären, üben sie die heuchlerische

Politik des *Kompromisses* aus. Der Begriff des Kompromisses, die Verleugnung der offenen Gewalt, der Rekurs auf eine verborgene, verhehlte Gewalt gehören zum Geist, zur »Mentalität der Gewalt«, die dazu treibt, die »Gegenstrebung« des Gegners zu akzeptieren, um das Schlimmste zu vermeiden und um zugleich mit dem Seufzer des Parlamentariers zu sagen, daß man sicher nicht das Ideal(e) erreicht hat, daß es anders sicher besser gewesen wäre, aber daß man eben nicht anders hat handeln können. Der Parlamentarismus zeichnet sich also durch Gewalt und durch den Verzicht auf das Ideal aus. Es mißlingt ihm, die politischen Konflikte durch das Wort, die Diskussion, die gewaltlose Auseinandersetzung, kurz: durch das Operieren der liberalen Demokratie zu lösen. Im Angesicht des »Verfalls der Parlamente« hält Benjamin die Kritik der Bolschewisten und Syndikalisten für »im ganzen treffend« und »vernichtend«.

Es gilt jetzt, eine Unterscheidung einzuführen, die Benjamin erneut in die Nähe eines bestimmten Carl Schmitt rückt; in jedem Fall verleiht sie der Konfiguration einen deutlicheren Sinn, die wohl die geschichtliche Konfiguration war, in die all diese Gedanken, all diese verschiedenen Denkweisen sich eingefügt haben (allzu hoher Preis, den Deutschland für seine Niederlage zahlen mußte; Weimarer Republik; Krise und Ohnmacht des neuen Parlamentarismus; Versagen des Pazifismus; Zeitspanne unmittelbar nach der Oktoberrevolution; Konkurrenz zwischen den Medien und dem Parlamentarismus; neue Gegebenheiten des internationalen Rechts usw.). Im Grunde haben wir uns gerade vor Augen geführt, daß das Recht seinem Ursprung und seinem Zweck nach, in seiner Setzung (Begründung) und in seiner Erhaltung von der unmittelbaren oder vermittelten, gegenwärtigen oder repräsentierten Gewalt untrennbar ist. Kann man daraus nun ruhig folgern, daß jede Gewaltlosigkeit bei der Beilegung eines Konflikts ausgeschlossen ist? Keineswegs. Aber das Denken der Gewaltlosigkeit muß die öffentliche Rechtsordnung übersteigen. Benjamin glaubt an gewaltlose Verhältnisse zwischen Privatpersonen. Eine »gewaltlose Einigung« (S. 191) ist überall dort möglich, wo die »Kultur des Herzens« den Menschen reine Mittel zur Übereinkunft an die Hand gibt. Bedeutet dies, daß man bei der Entgegensetzung des Privaten und des Öffentlichen stehenbleiben muß, um einen Bereich der Gewaltlosigkeit zu schützen? Die Dinge sind keinesfalls so einfach. Weitere begriffliche Aufteilungen umreißen in der Sphäre des Politischen selbst das Verhältnis von Gewalt und Gewaltlosigkeit. Man denke – Benjamin steht hier in der Tradition eines Sorel oder eines Marx – an die Unterscheidung zwischen einem *politischen* Generalstreik, der gewaltsam, gewalttätig ist, weil er einen Staat durch einen anderen zu ersetzen sucht (genannt sei jener Streik, der sich in Deutschland blitzhaft angekündigt hatte), und einem *proletarischen* Generalstreik, einer Revolution, die nicht bestrebt ist, den Staat stärker zu machen, sondern ihn zu beseitigen – den Staat und ebensowohl, Sorel zufolge, die Soziologen, »die eleganten Amateure von Sozialreformen [und die] Intellektuellen, die sich zum Beruf gemacht haben, für das Proletariat zu denken« (Zitat im Zitat; S. 194).

Eine andere Unterscheidung scheint noch radikaler zu sein und sich noch mehr einer Kritik der Gewalt als Mittel zu nähern. Sie setzt die Ordnung der Mittel der Ordnung der *Manifestation* entgegen. Erneut handelt es sich um die Gewalt der Sprache, aber auch um die Erlangung der Gewaltlosigkeit durch eine gewisse Sprache, um das Ereignis der Gewaltlosigkeit, das in einer gewissen Sprache stattfindet. Besteht das Wesen der Sprache in Zeichen, die man als *Mittel* der Mitteilung betrachten kann, oder in einer Manifestation, die nicht länger oder die noch nicht zu einer durch Zeichenverwendung geschehenden Mitteilung, die also nicht zur Mitteilung überhaupt und zur Mittel/Zweck-Struktur gehört?

Benjamin möchte nachweisen, daß in der privaten Welt

eine gewaltlose Beilegung von Konflikten möglich ist, wenn die Kultur des Herzens, die Herzenshöflichkeit, die Neigung, die Friedensliebe, das Vertrauen herrschen. Die Unterredung »als eine Technik ziviler Übereinkunft« gibt dafür das tiefste Beispiel ab. Woran erkennt man nun, daß die Gewalt aus dem Privatbereich oder aus der »eigentlichen Sphäre« ausgeschlossen ist? Benjamins Antwort mag überraschend anmuten. Belegt wird die Möglichkeit dieser Gewaltlosigkeit durch den Umstand, daß weder die Lüge noch der Betrug darin bestraft werden. Weder das römische noch das altgermanische Recht bestrafen den Betrug. Einen Betrug als Straftat zu bewerten entspricht einem »Verfallsprozeß«. Das moderne Recht verliert das Vertrauen, das es zu sich selbst hat, es verurteilt den Betrug nicht aus moralischen Gründen, sondern weil es die Gewalt fürchtet, zu der er die Opfer veranlassen mag. Diese könnten im Gegenzug die Rechtsordnung bedrohen. Der Mechanismus, der hier am Werk ist, bestimmt auch die Verleihung eines Streikrechts. Es geht darum, die schlimmste Gewalt durch eine andere Gewalt in Grenzen zu halten. Benjamin scheint von einer gewaltlosen Ordnung zu träumen, die nicht nur die privaten Verhältnisse, sondern ebenfalls bestimmte öffentliche Angelegenheiten der Rechtsordnung (dem Recht, einen Betrug zu bestrafen) entzieht. Zu solchen öffentlichen Angelegenheiten, die sich der Rechtsordnung entziehen, zählt etwa der proletarische Generalstreik, von dem Sorel spricht, der Generalstreik, der nicht einen Staat und ein neues Recht wieder zu (be)gründen sich anschickt; auch bestimmte diplomatische Beziehungen, durch die Botschafter – analog zu den privaten Verhältnissen – Konflikte friedlich und ohne Verträge regeln, zählen dazu. In diesem letzteren Fall sind die Schiedsgerichte gewaltlos, weil »jenseits aller Rechtsordnung und also aller Gewalt« (S. 195). Wir werden bald sehen, warum diese Gewaltlosigkeit in einer gewissen Affinität zur reinen Gewalt steht.

Benjamin macht hier eine Analogie geltend, bei der wir einen Augenblick verweilen sollten, vor allem weil darin der rätselhafte Begriff des Schicksals zum Tragen kommt. Wie, wenn eine »schicksalsmäßige Gewalt« (S. 196), die berechtigte Mittel einsetzt, in einen unversöhnlichen Widerstreit mit gerechten Zwecken geraten würde – so, daß man eine Gewalt anderer Art in Augenschein nehmen müßte, eine Gewalt, die im Hinblick auf diese Zwecke weder ein berechtigtes noch ein unberechtigtes Mittel wäre? Weder berechtigtes noch unberechtigtes Mittel, unentscheidbar: das wäre kein Mittel mehr, sondern würde in ein ganz anderes Verhältnis zu dem Paar Mittel/Zweck treten. Wir hätten es mit einer ganz anderen Gewalt zu tun, die sich nicht länger in dem Raum, den die Entgegensetzung von Mittel und Zweck eröffnet, bestimmen ließe. Die Frage, die sich hier abzeichnet, wiegt um so schwerer, als sie die anfängliche Problematik überschreitet und verschiebt, die die Gewalt und das Recht betrifft und die Benjamin so konstruiert, daß sie gänzlich von dem Begriff des Mittels beherrscht wird. Man wird nun dessen gewahr, daß es Fälle gibt, in denen das Problem des Rechts unentscheidbar ist und bleibt, wenn man es unter Rückgriff auf die Mittel/Zweck-Relation formuliert. Diese letzte Unentscheidbarkeit, die die »Unentscheidbarkeit aller Rechtsprobleme« ist (S. 196), ist die Einsicht einer eigentümlichen und entmutigenden Erfahrung. Wohin soll man gehen, hat man einmal die unabwendbare, unausweichbare, unvermeidbare Unentscheidbarkeit erkannt?

Eine derartige Frage legt zunächst eine andere Dimension der Sprache offen, ein Jenseits der Vermittlung und folglich der Sprache als vermittelndes Zeichen, als Mittel zu einem Zweck. Eingangs scheint sie ohne Antwort, ausweglos und hoffnungslos zu sein. Wo es keinen Ausweg gibt, macht jedoch gerade die Aussichtslosigkeit Denk-Entscheidungen erforderlich; sie zielen auf nichts Geringeres als auf den Ursprung der Sprache in seinem Verhältnis zur Wahrheit, auf die schicksalhafte Gewalt, die sich über die Vernunft stellt, und schließlich, höher einzustufen als diese Gewalt selbst, auf Gott: auf einen anderen, vollkommen anderen »mystischen Grund der Autorität«. Sicherlich ist dieser Grund nicht der Montaignes oder Pascals, doch sollte uns dieser Abstand nicht in ein allzu großes Vertrauen wiegen. Das ist es also, was die *Aussichtslosigkeit** des Rechts offenlegt, an diesen Ort führt die Ausweglosigkeit des Rechts.

Zwischen der »Unentscheidbarkeit aller Rechtsprobleme« und dem, was »in werdenden Sprachen« sich zuträgt, in Sprachen, die keine deutliche, überzeugende, bestimmende Entscheidung zwischen dem Richtigen und dem Falschen zulassen, soll eine Analogie bestehen. Benjamin macht diese Analogie nur beiläufig geltend. Man könnte sie aber vertiefen, indem man von anderen Texten, die Benjamin der Sprache gewidmet hat, ausgeht: zu nennen wären besonders *Die Aufgabe des Übersetzers* (1923) und der berühmte Aufsatz aus dem Jahr 1916, *Über Sprache überhaupt und über die Sprache des Menschen* – fünf Jahre vor der *Kritik der Gewalt* verfaßt. Beide Texte stellen ein ursprünglich kommunikatives, will sagen: semiologisches, informierendes, repräsentierendes, konventionelles, also *vermittelndes*, *mittelbares* Wesen der Sprache in Frage. Die Sprache ist nicht Mittel zu einem Zweck, dem sie sich richtig angleichen müßte (unter Zweck muß man hier eine bedeutete Sache, einen bedeuteten Inhalt verstehen). Benjamins Kritik des Zeichens hat auch eine politische Tragweite: die Konzeption der Sprache, die diese in ein Mittel und in ein Zeichen verwandelt, soll »bürgerlich« sein. Der Text aus dem Jahr 1916 definiert den Sündenfall als Fall in eine Sprache mittelbarer Kommunikation, in der jedes Wort zum »Geschwätz« anhält, weil es zu einem Mittel geworden ist. Von solchem Geschwätz zeugt die Frage nach Gut und Böse in der Welt nach der Schöpfung. Der Baum der Erkenntnis sollte nicht die Erkenntnis von Gut und Böse vermitteln, sondern war vielmehr »Wahrzeichen« des Gerichts über den Fragenden. Abschließend folgert Benjamin: »Diese ungeheure Ironie ist das Kennzeichen des mythischen Ursprungs des Rechts.«[28]

Jenseits einer einfachen Analogie möchte Benjamin also in seiner Kritik der Gewalt eine Zweckmäßigkeit, eine Gerechtigkeit der Zwecke denken, die nicht mehr an die Möglichkeit des Rechts gebunden ist, zumindest nicht an das, was man immer als ein Verallgemeinbares vorstellt. Die Verallgemeinerung, Universalisierung des Rechts stellt dessen eigene Möglichkeit dar, sie ist dem Begriff der Gerechtigkeit analytisch einbeschrieben. Was man dabei aber nicht versteht, ist der Umstand, daß diese Allgemeingültigkeit Gott selbst widerspricht, Jenem, der über die Rechtmäßigkeit der Mittel und über die Gerechtigkeit der Zwecke entscheidet, indem er sich *über die Vernunft und sogar über die schicksalsmäßige Gewalt* hinwegsetzt. Diese plötzliche Bezugnahme auf Gott, über die Vernunft und die Allgemeinheit hinweg, jenseits einer bestimmten *Aufklärung** des Rechts, ist nichts anderes als eine Bezugnahme auf die irreduktible Besonderheit jeder Situation. Der gewagte, kühne, ebenso notwendige wie gefährliche Gedanke einer Art Gerechtigkeit ohne Recht (ein Ausdruck, der von mir, nicht von Benjamin stammt) hat sowohl für die Einzigartigkeit des Individuums als auch für das Volk und die Sprache, also für die Geschichte Geltung.

Um die »nicht mittelbare Funktion der Gewalt« (S. 196) verständlich zu machen, wählt Benjamin erneut das Beispiel der Alltagssprache, als würde es sich bloß um eine Analogie handeln. Ich glaube, daß wir es hier eigentlich mit dem wahren Bereich, dem Ort selbst der Entscheidung zu tun haben. Ist es ein Zufall, daß Benjamin von der Erfahrung des Zorns spricht, daß er dieses Beispiel einer unmittelbaren Manifestation wählt, welche die Sprache jeder Mittel-Zweck-Struktur entzieht? Besteht kein Bezug zu einer bestimmten Gestalt

28 Walter Benjamin, *Über Sprache überhaupt und über die Sprache des Menschen*, in: ders., *Gesammelte Schriften*, Band II.1, S. 154.

Gottes? Der Ausbruch von Gewalt im Zorn ist kein Mittel, der sich auf einen vorgesetzten Zweck bezieht; er hat keinen anderen Zweck als den, (auf) sich selbst zu zeigen. Überlassen wir Benjamin die Verantwortung für den Begriff einer irgendwie interesselosen, unmittelbaren, aller Berechnung ledigen Manifestation des Zorns. Worauf es Benjamin ankommt, ist eine Manifestation der Gewalt, die nicht Mittel zu einem Zweck ist. Eine derartige Manifestation der Gewalt ist die mythische Gewalt, durch die sich die Götter kundtun.

Hier beginnt nun die letzte Sequenz, die rätselhafteste, faszinierendste und tiefste dieses Textes. Aus Mangel an Zeit – nicht aber nur daran –, verzichte ich darauf, ihr gerecht zu werden. Ich werde mich damit bescheiden, einerseits die furchtbare ethisch-politische Zweideutigkeit des Textes an dieser Stelle zu unterstreichen, andererseits die beispielhafte Unbeständigkeit seiner Grundverfassung und seiner Signatur hervorzuheben; schließlich werde ich jenes hervortreten lassen, was ich mit Ihrer Erlaubnis als Gemüt oder Mut eines Denkens bezeichnen möchte, das um die Angemessenheit und die Gerechtigkeit der Verwantwortung weiß: diese gibt es nämlich nur, wo man sich allen Risiken aussetzt, jenseits der Gewißheit und des guten Gewissens.

In der griechischen Welt verhält es sich so, daß die Manifestation der göttlichen Gewalt in ihrer mythischen Gestalt eher ein Recht begründet oder setzt, als daß sie ein bereits bestehendes Recht anwendet (»enforce«), indem sie Belohnungen und Strafen verteilt. Sie ist keine austeilende oder entlohnende Gerechtigkeit; Benjamin evoziert Beispiele aus der Sage der Niobe, des Apollons und der Artemis, und aus der des Prometheus. Da es darum geht, ein neues Recht zu begründen, stammt die Gewalt, die über Niobe hereinbricht, vom Schicksal; dieses Schicksal kann nur unsicher und zweideutig sein, wird es doch nicht von einem früheren, höheren oder transzendenten Recht, das ihm vorausgeht, bestimmt. Die (be)gründende Gewalt ist nicht »eigentlich zerstörend«: sie achtet etwa das Leben der Mutter, während sie den Kindern der Niobe einen blutigen Tod bringt. Diese Anspielung auf vergossenes Blut übernimmt hier, wie wir noch erkennen werden, eine diskriminierende, unterscheidende Rolle; dadurch erst können wir die mythische und gewaltsame Rechtsetzung der griechischen Welt identifizieren und von der göttlichen Gewalt im Judentum unterscheiden. Benjamin nennt mehrere Beispiele für die fragliche Zweideutigkeit (das Wort taucht mindestens viermal auf), für die »dämonische« Zweideutigkeit der mythischen Rechtsetzung[29], die ihrem grundlegenden Prinzip nach eine Macht ist – eine Kraft, eine Gewalt, eine Position der Autorität und folglich, wie Sorel selber nahelegt (Benjamin scheint dem zuzustimmen), ein Privileg der Könige, der Großen oder Mächtigen: »in den Anfängen [ist] alles Recht ›Vor‹recht der Könige oder der Großen, kurz der Mächtigen« (S. 198). In diesem ursprünglichen und mythischen Augenblick gibt es noch keine austeilende Gerechtigkeit, es gibt keine Züchtigung oder Strafe, sondern nur *Sühne**.

Der Gewalt des griechischen Mythos setzt Benjamin Zug für Zug die Gewalt Gottes entgegen. Sie ist ihr, wie er sagt, immer entgegengesetzt, gleichgültig, welchen Standpunkt man einnimmt. Statt das Recht zu setzen, zerstört sie es; statt Grenzen zu ziehen, reißt sie sie nieder; statt Schuld und Sühne hervorzurufen, entsühnt sie; statt zu drohen, schlägt sie; statt den Tod auf blutige Weise zu bringen, vernichtet sie *ohne Blutvergießen*. Am Blut hängt der ganze Unterschied. Die Deutung dieses Blut-Gedankens, dieses Denkens des Bluts ist – ungeachtet gewisser Dissonanzen – bei Benjamin und Rosenzweig ebenso verstörend (besonders wenn wir an die »Endlösung« denken). Das Blut ist das Symbol des Le-

29 Diese »mythische« Dimension des Rechts im allgemeinen umschließt im Sinne Benjamins zweifellos auch jede Theorie der »Menschenrechte«, zumindest in dem Maße, in dem diese nicht von dem herrührt, was im vorliegenden Text die »göttliche Gewalt« heißt.

bens, schreibt Benjamin. Indem sie Blut fließen läßt, erfolgt die Ausübung der mythologischen Rechtsgewalt »um ihrer selbst willen« – gegen das natürliche Leben, das sie zum Bluten bringt, zugleich aber innerhalb der Ordnung des »bloßen Lebens«. Dagegen erfolgt die Ausübung der rein göttlichen (jüdischen) Gewalt derart, daß diese Gewalt über alles Leben ist – aber »um des Lebendigen willen« (S. 200). Anders gewendet: Die mythologische Rechtsgewalt genügt sich selbst in dem Maße, in dem sie das Lebendige opfert, während die göttliche Gewalt das Leben opfert, um das Lebendige zu retten, um des Lebendigen willen. In beiden Fällen wird geopfert, doch dort, wo Blut gefordert wird, wird das Lebendige nicht geachtet. Darum gelangt Benjamin zu einer eigentümlichen Schlußfolgerung; wiederum überlasse ich ihm die Verantwortung für diese Deutung, zumal für diese Deutung des Judentums: »Die erste [die mythologische Rechtsgewalt] fordert Opfer, die zweite [die göttliche Gewalt] nimmt sie an.« (S. 200) Auf jeden Fall wird deutlich, daß die göttliche Gewalt, die nicht nur von der Religion bezeugt wird und die man ebenfalls »in einer geheiligten Manifestation [...] im gegenwärtigen Leben« vorfindet, vielleicht die Güter, das Leben, das Recht, den Grund des Rechts usw. zerstört, niemals aber »die Seele des Lebendigen«. Man ist also nicht dazu berechtigt, den Schluß zu ziehen, daß die göttliche Gewalt allen möglichen menschlichen Verbrechen den Weg bahnt. Das Gebot »Du sollst nicht töten« ist und bleibt ein absoluter Imperativ, da ja das Prinzip der am stärksten zerstörerischen göttlichen Gewalt Achtung vor dem Lebendigen gebietet – und zwar jenseits des Rechts und des Urteils. Darin besteht in Benjamins Augen das Wesen des Judentums, welches das Töten verbietet, außer in Fällen der Notwehr, und das Leben heiligt – manche Denker weiten diese Heiligung aus, so daß nicht nur der Mensch, sondern auch das Tier und die Pflanze an der Heiligkeit des Lebens teilhaben. Man muß jedoch das, was

Benjamin hier unter der Heiligkeit des Menschen, des Lebens oder des menschlichen *Daseins** versteht, auf schärfste zuspitzen. Denn Benjamin erhebt nachdrücklich Einspruch gegen jede Heiligung, die das Leben *um seiner selbst willen*, die das bloße Leben, die bloße Tatsache, daß man lebt, heiligt. Dem Satz Kurt Hillers, »höher noch als Glück und Gerechtigkeit eines Daseins [stehe das] Dasein an sich selbst« (S. 201), widmet Benjamin eine lange Erläuterung; die Aussage, das bloße *Dasein** (die bloße Tatsache des Lebens) sei höher einzustufen als das gerechte *Dasein**, hält er für »falsch und niedrig«. Dagegen hält er die nämliche Aussage (die zweideutig bleibt, zumal die Begriffe des *Daseins** und des Lebens doppelsinnig sind, wie Benjamin bemerkt) für eine »gewaltige Wahrheit«, wenn sie bedeuten soll, daß das Nichtsein des Menschen etwas Furchtbareres als das bloße Nochnichtsein des gerechten Menschen ist. Anders formuliert: Was den Wert des Menschen, seines *Daseins** oder seines Lebens ausmacht, ist der Umstand, daß er oder daß es die Potentialität, die Möglichkeit der Gerechtigkeit enthalten, also die Zukunft der Gerechtigkeit, die Zukunft seines Gerecht-Seins, seines Gerecht-sein-Müssens oder Gerecht-sein-Sollens. Heilig ist am Leben des Menschen nicht das Leben, sondern dessen Gerechtigkeit. Wären sie heilig, so könnten die Tiere und Pflanzen nicht aufgrund ihres bloßen Lebens heilig sein. Diese Kritik an Vitalismus und Biologismus mag der eines bestimmten Heideggers ähneln und die eines bestimmten Hegels in Erinnerung rufen (an anderer Stelle habe ich darauf hingewiesen); hier wird sie allerdings als Erweckung einer jüdischen Tradition vorgetragen. Weil die Begriffe des Lebens und des *Daseins** zweideutig sind, wird Benjamins Verhalten gegenüber dem Dogma, das die Heiligkeit des Lebens als natürliches, bloßes Leben behauptet, von Angezogensein und zugleich von Zurückhaltung geprägt. Benjamin notiert, daß die Herkunft dieses Dogmas eine Untersuchung verdient: er neigt dazu, darin die relativ moderne und sehnsüchtige Antwort zu erblicken, die der Westen auf den Verlust des Heiligen erteilt.

Welches ist das letzte, äußerste und am meisten provozierende Paradoxon dieser Kritik der Gewalt? Ist es jenes, das uns am stärksten zum Nachdenken anhält? Welches hält uns am stärksten zum Nachdenken an? Das fragliche Paradoxon besteht darin, daß diese Kritik als die einzige »Philosophie« der Geschichte vorgetragen wird (unvergeßliche Anführungszeichen umgeben das Wort »Philosophie«), welche eine Haltung ermöglicht, die nicht allein eine »kritische« Haltung ist, sondern ebenso (im kritischsten und diakritischsten Sinne von Kritik – des Wortes *krinein*) eine wählende *(krinein)*, das heißt »scheidende und entscheidende Einstellung« (S. 202): scheidend und entscheidend in der Geschichte und im Hinblick auf die Geschichte, scheidend und entscheidend im Hinblick auf die Gegenwart. Die ganze Unentscheidbarkeit ist dem Recht, der mythologischen, also rechtsetzenden und rechtserhaltenden Gewalt zugeordnet, sie sammelt sich dort an, und dort sitzt sie fest. Die ganze Entscheidbarkeit hingegen liegt bei der göttlichen Gewalt, die das Recht zerstört; man könnte sogar wagen, zu behaupten, daß sie es dekonstruiert. Wenn man sagt, daß die ganze Entscheidbarkeit bei der göttlichen Gewalt liegt, die das Recht destruiert oder dekonstruiert, so meint man damit mindestens zwei verschiedene Dinge:

1. Man meint, daß die *Geschichte* dieser göttlichen Gewalt zugehört, daß sie auf deren Seite, ihr zur Seite steht – die Geschichte im Gegensatz zum Mythos. Gerade deshalb handelt es sich dabei um eine »Philosophie« der *Geschichte*, gerade deshalb ruft Benjamin »ein neues geschichtliches Zeitalter« (S. 202) herbei, das auf das Ende der mythischen Herrschaft folgt und eine »Durchbrechung des Umlaufs im Banne der mythischen Rechtsformen« ist, eine Abschaffung der *Staatsgewalt**, der Autorität des Staates. Dieses neue geschichtliche Zeitalter wäre auch ein neues politisches

Zeitalter, vorausgesetzt, man bindet nicht das Politische an das Staatliche, wie Schmitt es etwa tut.

2. Wenn die ganze Entscheidbarkeit sich auf seiten der göttlichen Gewalt in der jüdischen Tradition versammelt, so wird damit das Schauspiel der Geschichte des Rechts bestätigt und sinnvoll erklärt – das Schauspiel der Geschichte des Rechts, die sich selbst dekonstruiert und in der Unentscheidbarkeit erstarrt: denn jenes, was Benjamin als »das dialektische Auf und Ab« in der rechtsetzenden oder rechtserhaltenden Gewalt bezeichnet, entspricht einer Schwankung, die dazu führt, daß die erhaltende Gewalt stets die »Unterdrückung der feindlichen Gegengewalten« betreiben muß; diese Unterdrückung (das Recht, die juridische Institution ist aus solcher Sicht immer repressiv) schwächt unaufhörlich die (be)gründende, setzende Gewalt, die sie vertritt oder repräsentiert. Die (be)gründende, setzende Gewalt schwächt sich folglich selbst in dieser Kreisdrehung: sie wird an oder durch sich selbst schwach. Benjamin erkennt hier in gewisser Weise das Gesetz der Iterabilität: stets ist die setzende, (be)gründende Gewalt in einer erhaltenden repräsentiert, in einer erhaltenden, die ununterbrochen die Überlieferung ihres Ursprungs wiederholt und die im Grunde nur eine Setzung, eine (Be)gründung wahrt, die zunächst dazu bestimmt ist, wiederholt, erhalten, wieder eingerichtet zu werden. Benjamin schreibt, daß die setzende Gewalt in der erhaltenden Gewalt »repräsentiert« ist.

Glaubt man nun, Klarheit geschaffen und den Sinn, das, was Benjamins Text bedeuten will, richtig interpretiert zu haben, weil man auf entscheidbare Weise die Entscheidbarkeit der göttlichen, revolutionären, geschichtlichen, gegen Staat und Recht gerichteten Gewalt der Unentscheidbarkeit der mythischen Gewalt des Staatsrechts entgegensetzt, so triff man eine überstürzte Entscheidung und versteht nicht die Kraft dieses Textes. Denn am Ende, in dem Raum, den die letzten Zeilen einnehmen, spielt sich ein neuer Akt dieses Dramas ab, ein Theater-Coup, der vielleicht (ich möchte jedenfalls nicht beschwören, daß es sich nicht so verhält) von Anfang an, seit dem Auftakt, da sich der Vorhang gehoben hat, vorgesehen war. Was behauptet nämlich Benjamin? Er redet zunächst in der Bedingungsform von der »revolutionären Gewalt«: »wenn« der Gewalt auch jenseits des Rechts »ihr Bestand als reine unmittelbare gesichert« ist, so erweist sich damit, daß die revolutionäre Gewalt möglich ist. Man würde in diesem Fall – Benjamin redet in der Bedingungsform – wissen, was diese revolutionäre Gewalt eigentlich ist, deren Name der einer reinen Manifestation der Gewalt unter den Menschen ist. Warum aber wird diese Aussage in der Bedingungsform gehalten? Handelt es sich um etwas bloß Vorläufiges und Kontingentes? Keineswegs. Denn die *Entscheidung**, die hier gefragt ist, die ausschlaggebende, bestimmende, entscheidende Entscheidung, jene, die es uns erlaubt, eine solche reine und revolutionäre Gewalt *als solche* zu erkennen oder wiederzuerkennen, ist eine *dem Menschen unzugängliche Entscheidung*. Wir stoßen an dieser Stelle auf eine andere Unentscheidbarkeit; ich ziehe es vor, folgenden Satz Benjamins *in extenso* zu zitieren: »Nicht gleich möglich noch auch gleich dringend ist aber für den Menschen die Entscheidung, wann reine Gewalt in einem bestimmten Falle wirklich war.« (S. 203)

Das liegt daran, daß die göttliche Gewalt, die die gerechteste, die angemessenste, die geschichtlichste, die revolutionärste, die entscheidendste oder die entscheidbarste ist, keiner menschlichen Bestimmung, keiner Erkenntnis, keiner »Gewißheit«, die uns zustehen, sich anbietet. Man kennt sie nie in ihr selbst, »als solche«, man kennt sie nur in ihren »Wirkungen«, die »unvergleichlich« sind, die sich also keiner begrifflichen Allgemeinheit beugen. Gewißheit und bestimmende Erkenntnis gibt es nur im Bereich der mythischen Gewalt, das heißt in dem des Rechts, in dem der erwähnten Unentscheidbarkeit (»Unentscheidbarkeit aller

Rechtsprobleme«): »Nur die mythische, nicht die göttliche [Gewalt], wird sich als solche mit Gewißheit erkennen lassen«, sagt Benjamin (S. 203). Lassen Sie mich schematisch vorgehen: Es gibt zwei konkurrierende *Gewalten**, auf der einen Seite die Entscheidung (angemessen, gerecht, geschichtlich, politisch usw.), eine Gerechtigkeit jenseits des Rechts und des Staats, aber ohne entscheidbare Erkenntnis, auf der anderen Seite entscheidbare Erkenntnis und Gewißheit in einem Bereich, der strukturell betrachtet der des Unentscheidbaren, des mythischen Rechts oder des Staates ist. Auf der einen Seite die Entscheidung ohne entscheidbare Gewißheit, auf der anderen die Gewißheit des Unentscheidbaren – aber ohne Entscheidung. In jedem Fall – und in welcher Gestalt auch immer – findet sich das Unentscheidbare auf beiden Seiten wieder und ist die gewaltsame Bedingung der Erkenntnis oder der Tat. Doch Erkenntnis und Tat sind immer (noch) getrennt.

Fragen: Ist das, was in der Einzahl als Dekonstruktion bezeichnet wird, eher dies oder eher jenes (vorausgesetzt, es gibt eine Dekonstruktion – und lediglich eine einzige)? Oder ist die Dekonstruktion noch etwas anderes, ist sie endlich etwas ganz anderes? Vertraut man dem Benjaminschen Denkschema, ist dann der dekonstruktive Diskurs, der das Unentscheidbare zum Gegenstand hat, eher jüdisch (oder jüdisch-christlich-islamisch) oder eher griechisch? Eher religiös, eher mythisch oder eher philosophisch? Wenn ich auf derartige Fragen, wenn ich derart auf diese Fragen nicht antworte, so liegt das nicht allein daran, daß ich keinerlei Gewißheit über die Existenz oder die Möglichkeit *der* Dekonstruktion (in der Einzahl) mir verschaffen kann. Es liegt ebenfalls daran, daß in meinen Augen die dekonstruktiven Diskurse, die sich in ihrer irreduktiblen Vielzahl präsentieren, auf unreine, kontaminierende, vermittelte, zwitterhafte, bastardierte und gewaltsame Weise an all diesen jüdisch-griechischen Verkettungen der Entscheidung und des Unentscheidbaren teilhaben (wir wählen das Attribut »jüdisch-griechisch«, um Zeit einzusparen). Außerdem liegt es daran, daß der Jude und der Hellene vielleicht nicht ganz das sind, was uns Benjamin weismachen möchte. Nimmt man schließlich jenes in Betracht, was in der Dekonstruktion im Kommen bleibt, so glaube ich, daß in ihren Adern ein ganz anderes Blut oder gar etwas ganz anderes als Blut fließt – vielleicht ohne Verkettung, ohne Abstammung.[30]

Wenn ich mich jetzt von Benjamin auf längere oder kürzere Zeit verabschiede, ihm Lebewohl sage oder auf Wiedersehen, so überlasse ich ihm doch das letzte Wort. Ich lasse ihn signieren, vorausgesetzt, er kann signieren. Es muß stets der Andere signieren, es ist stets der Andere, der als letzter signiert. Und also als erster.

In seinen letzten Zeilen, unmittelbar bevor er signiert, bedient sich Benjamin übrigens des Wortes »bastardieren«. Es handelt sich dabei letztlich um die Definition des Mythos, um die rechtsetzende Gewalt. Das mythische Recht – man könnte auch sagen: die juridische Fiktion, ist eine Gewalt, die »alle ewigen Formen« der »reinen göttlichen Gewalt« »bastardiert« hat. Der Mythos hat die göttliche Gewalt »mit dem Recht bastardiert«. Mesalliance, unreine Genealogie: nicht Blutvermischung, sondern Bastardierung, die im Grunde ein Recht geschaffen haben wird, das Blut fließen läßt und mit Blut heimzahlt.

Und dann, nachdem er die Verantwortung für diese Inter-

30 Indem ich diesen Text Benjamins einer Probe unterziehe – nämlich der einer bestimmten dekonstruktiven Notwendigkeit, die sich hier und jetzt für mich so darstellt –, zeichne ich die Umrisse einer Arbeit, die weiter ausholt und zusammenhängender ist: einer Arbeit über das vielfältige Verhältnis zwischen *dieser* Dekonstruktion, dem, was Benjamin als Zerstörung bezeichnet, und der Heideggerschen Destruktion (an anderer Stelle habe ich mich mit Heideggers »Destruktion« bereits auseinandergesetzt, ich werde es auch weiterhin noch tun. Vgl. vor allem meinen Text *Philopolemologie: Heideggers Ohr (Geschlecht IV)*; er erscheint 1991 in einem Sammelband, der die Vorträge eines im Oktober 1989 an der Loyola University veranstalteten Colloquiums über Heidegger enthält (The Indiana University Press).

pretation des Griechischen und des Jüdischen übernommen hat, signiert Benjamin. Er spricht auf bewertende, vorschreibende, nicht auf feststellende Weise – er signiert so, wie man es jedesmal beim Signieren tut. Zwei energisch formulierte Sätze kündigen an, welche Worte die leitenden Stichworte sein *müssen und sollen*, was man tun *muß und soll*, was man verwerfen *muß und soll*, (nämlich) das Böse oder Perverse des Verwerflichen: »Verwerflich aber ist alle mythische Gewalt, die rechtsetzende, welche die schaltende genannt werden darf. Verwerflich auch die rechtserhaltende, die verwaltete Gewalt, die ihr dient.« (S. 203)

Darauf folgen die letzten Worte, der letzte Satz. Wie der Schofar am Abend oder am Vorabend eines Gebets, das man schon nicht mehr oder das man noch nicht hört, das man schon nicht mehr oder das man noch nicht versteht. Nicht nur signiert sie, diese letzte Anrede [*adresse*], in unmittelbarer Nähe zum Vornamen Benjamins, Walter. Sie nennt auch die Signatur, das Insignium und das Siegel, sie nennt den Namen und jenes, was *»waltend«** heißt. Doch wer signiert? Es ist Gott, der/das ganz Andere, wie stets, es ist die göttliche Gewalt, die stets allen Vornamen vorausgegangen sein, alle Vornamen aber ebenfalls *gegeben* haben wird: »Die göttliche Gewalt, welche Insignium und Siegel, niemals Mittel heiliger Vollstreckung ist, mag die waltende heißen.« (S. 202)[31]

31 Dieses »Spiel«, das zwischen *walten* und *Walter* stattfindet, kann zu keiner Beweisführung beitragen und auch keine Gewißheit erzeugen. Darin besteht gerade das Paradoxon seiner »beweisenden«, »dartuenden« Kraft: diese Kraft, diese Gewalt führt von der Trennung des Kognitiven und des Performativen her, von der ich oben spreche (und auch an anderer Stelle, anläßlich der Signatur). Doch hat dieses Spiel, das an das absolute Gleichnis rührt, nichts bloß Spielerisches und Willkürliches an sich. Wir wissen nämlich, wie sehr sich Benjamin – vor allem in seiner Abhandlung über *Goethes Wahlverwandtschaften* – für die zufälligen und bedeutsamen Übereinstimmungen interessiert hat, deren eigentlicher Ort die Eigennamen sind. Ich bin geneigt, in einem schönen Aufsatz von Jochen Hörich, den ich kürzlich gelesen habe (April 1991) neue Aussichten für diese Hypothesen zu erblicken. (Vgl. J. Hörich, *L'ange satanique et le bonheur. Les noms de W. Benjamin*, in: *Weimar. Le tournant esthétique*, Paris 1988.)

Postscriptum[32]

Dieser seltsame Text trägt ein Datum. Jede Signatur trägt ein Datum, sogar wenn sie in mehrere Namen Gottes sich einschleicht und nur in dem Maße signiert, in dem sie vorgibt, Gott selber signieren zu lassen (vielleicht ist dann das Datum ihr um so tiefer eingezeichnet). Trägt dieser Text ein Datum, ist er signiert (Walter, 1921), so haben wir nur ein begrenztes Recht, ihn vorzuladen, um vom Nazismus im allgemeinen (der als solcher sich noch nicht entwickelt hatte), von der neuen Gestalt, die Rassismus und Antisemitismus im Nazismus annehmen (sie sind von ihm untrennbar), oder gar von der Endlösung Zeugnis abzulegen: nicht nur, weil das Vorhaben der Endlösung und dessen Umsetzung ein noch späteres Datum tragen, ja auf Benjamins Tod erst folgen, sondern ebenfalls, weil die Endlösung in der Geschichte des Nazismus selber vielleicht etwas ist, was manche für ein unvermeidbares, den Prämissen des Nazismus bereits einbeschriebenes Ans-Ende-Gelangen oder Sich-Vollenden halten können (angenommen, es handelt sich hier um solches, was eine eigne, diese Aussagen stützende Identität hat), wärhend andere wiederum (sie mögen Nazis sein oder nicht, sie mögen oder sie mögen keine Deutschen sein) denken können, daß das Projekt der Endlösung ein Ereignis ist, eine neue Mutation im Inneren der Geschichte des Nazismus, das deshalb auch einer absolut spezifischen Analyse bedarf. Aus all diesen Gründen haben wir wohl nicht das Recht (oder haben wir nur ein beschränktes Recht), uns zu fragen, was Walter Benjamin im Rahmen der Logik dieses Textes (wenn er denn eine und nur eine einzige Logik hat) vom Nazismus und von der Endlösung gedacht hätte.

32 Vgl. Anm. 2.

Und doch werde ich in gewisser Weise genau dies tun, ich werde es tun, indem ich über das hinausgehe, was mich an diesem Text selber interessiert, an seinem Ereignis oder an seiner Struktur, an dem, was er über eine Konfiguration des jüdischen und des deutschen Denkens vor dem sogenannten Aufkommen des Nazismus dem Leser mitteilt, an dem, was er aussagt über all das Teilende, Verbindende und Trennende, das diese Konfiguration bildet, über schwindelerregende Annäherungen, über radikale Umkehrungen des Für und Wider, die aufgrund von zuweilen deckungsgleichen Prämissen erfolgen, usw. – stets vorausgesetzt, daß man diese Probleme alle auseinanderhalten kann, woran ich zweifle. In Wahrheit werde ich mich nicht fragen, was Benjamin selber über den Nazismus und den Antisemitismus gedacht hat, vor allem deshalb nicht, weil wir ja, wollen wir dies tun, über andere Mittel verfügen, über andere Texte, die er uns hinterlassen hat. Ebensowenig werde ich mich fragen, was Walter Benjamin selber über die Endlösung gedacht, wie er darüber geurteilt und welche Deutungen er vorgebracht hätte. Ich werde nach etwas anderem suchen, auf bescheidene, schlichte, zurückhaltende und vorläufige Weise. So rätselhaft und überbestimmt das logische Musterbild, die logische Matrize dieses Textes auch sein mag, so beweglich, verwandlungsfähig und umkehrbar sie wohl ist – sie hat doch ihre eigene Stimmigkeit. Diese Stimmigkeit stimmt ihrerseits mit der überein, die viele andere Texte Benjamins bestimmt, frühere und spätere. Indem ich nun gewisse Elemente dieses Zusammenhangs, die beharrlich wiederkehren, berücksichtige, möchte ich mich an einigen Hypothesen versuchen, nicht etwa um mögliche Aussagen Benjamins zu restituieren, sondern um in großen Zügen den Problem- und Deutungsbereich nachzuzeichnen, dem er vielleicht – im Hinblick auf die Endlösung – seinen Diskurs eingefügt hätte.

Auf der einen Seite hätte er wahrscheinlich die Endlösung

für die extreme Konsequenz einer Logik des Nazismus gehalten, die, um Begriffe seines Aufsatzes *Zur Kritik der Gewalt* zu verwenden, sich auf folgende Weise darstellt:

1. Als Radikalisierung des Bösen, das an den Fall in eine Sprache der Mitteilung gebunden ist, an den Fall in eine Sprache der Vorstellung, der Repräsentation, der Information (von diesem Standpunkt aus ist der Nazismus sicherlich die prägendste aller Gestalten der Medien-Gewalt; er ist die prägendste aller Gestalten der politischen Ausbeutung, die moderner Techniken der mitteilenden Sprache sich bedient, moderner Techniken der industriellen Sprache, der Sprache der Industrie, der wissenschaftlichen Objektivation, die mit der Logik des konventionellen Zeichens und der formalisierenden Eintragung verknüpft ist);

2. als totalitäre Radikalisierung einer Staatslogik (unser Text ist gerade eine Verurteilung des Staates, ja der Revolution, die einen Staat durch einen Staat ersetzt – was ebenfalls für andere Totalitarismen gilt: schon taucht die Frage des *Historikerstreits** auf);

3. als radikale, aber auch fatale Korruption der parlamentarischen und repräsentativen Demokratie, die durch eine moderne, von ihr untrennbare Polizei verursacht wird: diese Polizei verwandelt sich in die wahre gesetzgebende Macht, ihr Geist oder Gespenst beherrscht den gesamten politischen Raum (so betrachtet, ist die Endlösung eine historisch-politische Staatsentscheidung und zugleich eine polizeiliche Entscheidung, eine Entscheidung ziviler und militärischer Polizei, ohne daß man je beide unterscheiden und irgendeiner Entscheidung die wirkliche Verantwortung übertragen kann);

4. als Radikalisierung und totale Ausbreitung des Mythischen, der mythischen Gewalt in ihrem opfernd-begründenden und in ihrem eher erhaltenden Moment. Diese mythologische Dimension, die griechisch und ästhetisierend ist (wie der Faschismus ist auch der Nazismus mytho-

logisch, auch er ist an den Griechen ausgerichtet: wenn er einer Ästhetisierung des Politischen gleichkommt, so im Zusammenhang einer Ästhetik der Repräsentation) – diese mythologische Dimension antwortet ebenso auf eine bestimmte Gewalt des Staatsrechts, seiner Polizei und seiner Technik, auf die Gewalt eines von der Gerechtigkeit vollkommen dissoziierten Rechts, das der begrifflichen Allgemeinheit entspricht, die der Massenstruktur angemessen ist und sich der Betrachtung des Besonderen und seiner Einzigartigkeit entgegensetzt. Welche andere Erklärung gibt es für die institutionelle, ja bürokratische Form, für die Trugbilder der Gesetzgebung, die juristische Engherzigkeit, die Achtung vor den Zuständigkeiten und den Hierarchien, kurz die gesamte juridisch-staatliche Organisation, welche die technisch-industrielle und wissenschaftliche Umsetzung oder Verwirklichung der Endlösung auszeichnet? Eine bestimmte Rechtsmythologie hat sich hier gegen eine Gerechtigkeit entfesselt, von der Benjamin dachte, daß sie im Grunde dem Recht gegenüber fremdartig bleiben muß: heterogen im Verhältnis zum natürlichen und zum historischen Recht, zur Gewalt seiner (Be)gründung und zu der seiner Erhaltung. Der Nazismus war eine konservative Revolution, die dieses Recht erhalten hat.

Andererseits aber kann man (aus denselben Gründen: weil also der Nazismus im Sinne seiner logischen Konsequenz zur Endlösung als seiner eigenen Grenze führen und weil die mythologische Rechtsgewalt sein wahres System darstellen soll) die Einzigartigkeit der Endlösung nur von einem Ort aus denken und sich in Erinnerung rufen, der nicht dem Raum der mythologischen Rechtsgewalt zugehört. Um dieses Ereignis zu ermessen, um jenes zu ermessen, was es an das Schicksal bindet, muß man die Rechtsordnung verlassen, die Ordnung des Mythos, die Ordnung der Repräsentation (die Ordnung der juridisch-politischen Repräsentation mit ihren von Historiker-Richtern gebildeten

Tribunalen, aber auch die Ordnung der ästhetischen Repräsentation). Aus solcher Sicht hat nämlich der Nazismus – der Nazismus als Vollendung der Logik mythologischer Gewalt – den Versuch unternommen, den anderen Zeugen auszuschließen, er hat versucht, den Zeugen einer anderen Ordnung zu zerstören, den Zeugen der göttlichen Gewalt, deren Gerechtigkeit sich nicht auf das Recht zurückführen läßt, den Zeugen einer Gerechtigkeit, die sowohl der Rechtsordnung gegenüber (selbst wenn es sich um die Menschenrechte handelt) als auch gegenüber der Ordnung der Repräsentation und des Mythos ihre Heterogenität behauptet. Anders ausgedrückt: Im Inneren *seines* Systems kann man die Einzigartigkeit eines solchen Ereignisses wie das der Endlösung nicht als äußerste Spitze der mythischen und repräsentativen Gewalt denken. Man muß dieses Ereignis von seinem Anderen aus zu denken versuchen, das heißt von dem aus, was es auszuschließen und zu zerstören versucht hat, von dem aus, was es radikal exterminieren wollte: dieses Andere hat seinerseits das Ereignis von innen und zugleich von außen aus heimgesucht. Man muß versuchen, das Ereignis von der Möglichkeit des Besonderen, der Singularität der Signatur und des Namens aus zu denken, da die Ordnung der Repräsentation nicht nur versucht hat, Millionen menschlicher, natürlicher Leben zu vernichten, sondern auch einen Gerechtigkeitsanspruch und auch Namen: zunächst nämlich die Möglichkeit, einen Namen zu geben und einzutragen, die Möglichkeit, beim Namen zu rufen und den Namen ins Gedächtnis zurückzurufen. Dies verhält sich so nicht bloß deshalb, weil eine Zerstörung stattgefunden, weil es ein Projekt gegeben hat, das darauf zielte, den Namen und das Gedächtnis des Namens, des Namens als Gedächtnis zu zerstören; es verhält sich auch deshalb so, weil das System mythischer (objektivistischer, repräsentativer, kommunikativer usw.) Gewalt auf seine eigene Grenze gestoßen ist, indem es auf dämonische Weise beide Seiten der Grenze gleichzeitig besetzt hat: es hat *im gleichen Zug* ein Archiv seiner Zerstörung angelegt, Trugbilder rechtfertigender Überlegungen hervorgebracht (und zwar mit einer furchterregenden gesetzlichen, bürokratischen, staatlichen Objektivität) – und ein geregeltes Ganzes gebildet, in dem seine eigene Logik, die Logik der Objektivität, die Möglichkeit geschaffen hat, das Zeugnis und die Verantwortung für ungültig zu erklären, also auszulöschen, und die Besonderheit der Endlösung zu neutralisieren: es hat die Möglichkeit der historiographischen Perversion geschaffen, die ihrerseits die Logik des Revisionismus und einen positivistischen, komparatistischen oder relativistischen Objektivismus (wie den, den man jetzt mit dem *Historikerstreit** in Verbindung bringt) erzeugt hat. Den Revisionismus können wir, um uns kurz zu fassen, als einen Revisionismus Faurissonschen Stils bestimmen; den Objektivismus als einen, der die Existenz eines analogen totalitären Vorbilds und die Tatsache vorgängiger Massenvernichtungen (genannt wird der Gulag) zur Erklärung der Endlösung herbeizieht und diese sogar im Sinne einer Kriegshandlung »normalisiert«, im Sinne einer klassischen staatlichen Antwort, einer während des Kriegs gegen die Juden dieser Welt erteilten Antwort: durch Weizmann sollen die Juden selber – beinahe wie ein Staat – im September 1939 dem Dritten Reich den Krieg erklärt haben.

Aus dieser Perspektive hätte Benjamin vielleicht jeden gesetzmäßigen Prozeß gegen den Nazismus und dessen Verantwortlichkeit für vergeblich gehalten, ja für unangemessen, zumindest im Hinblick auf das Ereignis; vielleicht hätte er so auch auf jeden (Ver)Urteil(ung)sapparat, auf jede Historiographie reagiert, die in einem homogenen Verhältnis zu jenem Raum steht, in dem sich der Nazismus bis zur Endlösung entwickelt hat; vielleicht wäre er so mit all jenen Deutungen umgegangen, die sich von philosophischen, moralischen, soziologischen, psychologischen oder psychoanalytischen Begriffen nähren, vor allem aber mit den Deutungen, die von juristischen Begriffen zehren (zumal wenn es sich dabei um Begriffe der Rechtsphilosphie handelt, mögen diese Begriffe auch naturrechtlich konzipiert sein, im Stil des Aristoteles oder in dem der *Aufklärung**). Benjamin hätte vielleicht jede geschichtliche oder ästhetische Objektivation der Endlösung, die noch – wie übrigens jede Objektivation – der Ordnung des Dar- und Vorstellbaren, des Bestimmbaren, des bestimmenden und entscheidbaren Urteils angehört, für vergeblich und unangemessen gehalten, unangemessen zumindest im Hinblick auf das Ereignis und dessen Maß. Erinnern Sie sich an das, was uns bereits deutlich geworden ist: In der Ordnung der schlechten, mythologischen Rechtsgewalt besteht das Böse gerade in einer gewissen Unentscheidbarkeit; es besteht in dem Umstand, daß man hier zwischen der rechtsetzenden und der rechtserhaltenden Gewalt nicht mehr unterscheiden kann, weil das Verderben aus einer Dialektik entspringt und sich dialektisch, aus dialektischen Gründen nicht vermeiden läßt, während doch das theoretische Urteil und die Vorstellung in der fraglichen Ordnung bestimmbar oder bestimmend sind. Erst wenn man diese Ordnung verläßt, beginnt die Geschichte – und die Gewalt der göttlichen Gerechtigkeit –; doch wir, die Menschen, können unsere Urteilsbestimmungen nicht daran messen, wir haben daran kein Maß für entscheidbare Deutungen. Dies bedeutet nun auch, daß die Deutung der Endlösung (und die Deutung dessen, was das Ganze und das Umgrenzende der mythologischen und der göttlichen Ordnung ausmacht) vom Menschen nicht gemeistert werden kann, ihm nicht angemessen, kein für ihn Ermeßbares ist. Keine Anthropologie, kein Humanismus, kein Diskurs des Menschen über den Menschen, ja über die Menschenrechte, vermögen sich an dem Bruch zwischen dem Mythischen und dem Göttlichen zu messen; sie können sich folglich auch nicht an der Grenzerfahrung messen, welche das Vorhaben der Endlösung darstellt. Mit diesem Vorhaben wird einfach der Versuch unternommen, das Andere der mythischen Gewalt zu tilgen, das Andere der Repräsentation, also die göttliche Gerechtigkeit und jenes, was sie bezeugt, den Menschen, das einzige Wesen, das seinen Namen nicht von Gott erhalten hat, dem Gott das Vermögen und die Aufgabe der Benennung überträgt: es soll seinesgleichen und die Dinge benennen. Nennen meint nicht dar- oder vorstellen, es meint nicht die Mitteilung unter Verwendung von Zeichen, von Mitteln zu Zwecken. Die Linie, die von dieser Interpretation gezogen wird, verlängert somit die furchterregende und belastende Verurteilung der *Aufklärung**, die Benjamin bereits in einem Text aus dem Jahr 1918 ausspricht, in einem Text, den Scholem dann 1963 zum sechzigsten Geburtstag Adornos veröffentlicht hat.[33]

Damit ist jedoch nicht gesagt, daß man einfach auf die Aufklärung und die Sprache der Kommunikation oder der Repräsentation verzichten muß, um einer Sprache des Ausdrucks das Wort zu reden. In seinem *Moskauer Tagebuch*[34], 1926-27 verfaßt, präzisiert Benjamin, daß die Polarität zwi-

33 Walter Benjamin, *Über das Programm der kommenden Philosophie*, in: ders., *Gesammelte Schriften*, Band II.1, a.a.O., S. 157-171. In diesem Aufsatz heißt es zum Beispiel: »Daß Kant sein ungeheueres Werk gerade unter der Konstellation der Aufklärung in Angriff nehmen konnte besagt, daß dieses an einer gleichsam auf den Nullpunkt, auf das Minimum von Bedeutung reduzierten Erfahrung vorgenommen wurde [...] Was das Niedere und Tiefstehende der Erfahrung jener Zeit ausmacht, worin ihr erstaunlich geringes spezifisch metaphysisches Gewicht liegt wird sich nur andeuten lassen in der Wahrnehmung wie dieser niedere Erfahrungsbegriff auch das Kantische Denken beschränkend beeinflußt hat. Es handelt sich dabei selbstverständlich um denselben Tatbestand den man als die religiöse und historische Blindheit der Aufklärung oft hervorgehoben hat ohne zu erkennen in welchem Sinne diese Merkmale der Aufklärung der gesamten Neuzeit zukommen.« (S. 158-159) [A.d.Ü.]

34 Walter Benjamin, *Moskauer Tagebuch*, in: *Gesammelte Schriften*, Band VI, Frankfurt am Main 1985, S. 331 [»Ich verwies (Reich) auf die Polarität aller sprachlichen Wesenheit: Ausdruck und Mitteilung zugleich zu sein.« – Ergänzung des Übersetzers].

schen beiden Sprachen nicht aufrechterhalten und auf reine Weise angesetzt werden kann; ein »Kompromiß« erweist sich als notwendig und unumgehbar. Doch bleibt dieser Kompromiß einer, der zwischen zwei inkommensurablen und radikal heterogenen Dimensionen geschlossen wird. Vielleicht können wir daraus an dieser Stelle lernen, daß der Kompromiß zwischen zwei heterogenen Ordnungen nötig, daß er etwas Zwangsläufiges ist, geschlossen im Namen einer Gerechtigkeit, die uns befiehlt, dem Gesetz der Repräsentation (*Aufklärung**, Vernunft, Objektivation, Vergleich, Erläuterung, Beachtung der Vielheit einzigartiger Einzelheiten und ihrer Eingliederung in Serien) und zugleich jenem anderen Gesetz zu gehorchen, das die Repräsentation übersteigt und das Einzigartige, jede Einmaligkeit ihrer Einschreibung in die Ordnung des Allgemeinen oder des Vergleichs entzieht.

Worauf ich zum Abschluß aufmerksam machen möchte, ist jenes, was ich in diesem Text am fürchterlichsten, ja was ich darin unerträglich finde, jenseits noch der Affinitäten, die zwischen ihm und dem Schlimmsten bestehen (Kritik der *Aufklärung**, Theorie des Sündenfalls und der ursprünglichen Echtheit, Polarität zwischen einer Ursprache und einer abgefallenen, verfallenen Sprache, Kritik der Repräsentation und der parlamentarischen Demokratie usw.). Ich denke an eine Versuchung, für die er Raum schafft und der dann besonders die Überlebenden oder die vergangenen, gegenwärtigen, potentiellen Opfer der Endlösung nachgeben können. Um welche Versuchung handelt es sich? Um die, den Holocaust als eine gegen alle Deutung widerspenstige Manifestation der göttlichen Gewalt zu denken: der göttlichen Gewalt, die, wie Benjamin betont, vernichtend, entsühnend und unblutig ist, und die das Recht im Zuge einer schlagenden Bewegung zerstört. Ich zitiere wieder einen Passus des Benjaminschen Aufsatzes: »Der Niobesage mag als Exempel dieser Gewalt Gottes Gericht an der Rotte Korah gegenübertreten. Es trifft Bevorrechtete, Leviten, trifft sie unangekündigt, ohne Drohung, schlagend und macht nicht Halt vor der Vernichtung. Aber es ist zugleich eben in ihr entsühnend und ein tiefer Zusammenhang zwischen dem unblutigen und entsühnenden Charakter dieser Gewalt nicht zu verkennen.« (S. 199) Wenn man an die Gaskammern und die Brennöfen denkt, läßt einen diese Anspielung auf eine Vernichtung, die entsühnend sein soll, weil sie unblutig ist, erschaudern. Die Vorstellung, daß man den Holocaust als Entsühnung und unentzifferbare Signatur eines gerechten und gewaltsamen göttlichen Zorns deuten könnte, versetzt uns in Angst und Schrecken.

An diesem Punkt einmal angekommen, scheint mir dieser Text trotz seiner vieldeutigen Beweglichkeit und all der Ressourcen, die er für Umkehrungen bereithält, zu sehr dem zu ähneln, wogegen man handeln und denken, wogegen man etwas tun und etwas sagen muß; die Ähnlichkeit ist so groß, daß sie Faszination und Schwindelgefühl erregen kann. Wie viele andere Texte Benjamins auch, trägt dieser Aufsatz in meinen Augen noch allzu starke Heideggersche Züge; er ist noch zu messianisch-marxistisch oder archeo-eschatologisch gefärbt. Ich weiß nicht, ob man dieser namenlosen Sache, die man Endlösung nennt, etwas entnehmen kann, was sich als Lehre bezeichnen läßt. Gäbe es aber eine solche Lehre, eine einzigartige Lehre unter den stets einzigartigen Lehren, die man aus einem besonderen Mord, aus allen kollektiven Vernichtungen der Geschichte ziehen könnte (jeder individuelle Mord, jeder Kollektivmord sind ein Singuläres, sie sind also unendlich und unvergleichbar), so wäre die Lehre, die wir heute daraus ziehen könnten (und wenn wir sie ziehen können, müssen wir es auch tun), die, daß wir die mögliche Mitschuld all dieser Diskurse am Schlimmsten (hier geht es um die Endlösung), die mögliche komplizenhafte Verbindung, die zwischen diesen Diskursen und dem Schlimmsten besteht, denken, erkennen, vorstellen, formalisieren, beurteilen müssen. Damit sind aus meiner Sicht eine Aufgabe und eine Verantwortung umrissen, deren Gegenstand ich weder in der Benjaminschen »Zerstörung« noch in der Heideggerschen »Destruktion« habe ausmachen können. Das Denken des Unterschieds zwischen diesen Zerstörungen oder Destruktionen auf der einen Seite und einer dekonstruktiven Bejahung oder Behauptung auf der anderen hat mich heute abend bei diesem Vortrag geleitet. Es will mir scheinen, als diktiere das Gedächtnis der Endlösung gerade dieses Denken.

Ästhetik
in der edition suhrkamp

Bachtin, Michail M.: Die Ästhetik des Wortes. Herausgegeben und eingeleitet von Rainer Grübel. Aus dem Russischen übersetzt von Rainer Grübel und Sabine Reese. es 967

Benjamin, Walter: Das Kunstwerk im Zeitalter seiner technischen Reproduzierbarkeit. Drei Studien zur Kunstsoziologie. es 28

Böhme, Gernot: Für eine ökologische Naturästhetik. es 1556

Bredekamp, Horst: Kunst als Medium sozialer Konflikte. Bilderkämpfe von der Spätantike bis zur Hussitenrevolution. es 763

Bubner, Rüdiger: Ästhetische Erfahrung. es 1564

Bürger, Peter: Theorie der Avantgarde. es 727

Digitaler Schein. Ästhetik der elektronischen Medien. Herausgegeben von Florian Rötzer. es 1599

Foucault, Michel: Raymond Roussel. Übersetzt von Renate Hörisch-Helligrath. es 1559

Frank, Manfred: Einführung in die frühromantische Ästhetik. es 1563

Gombrich, Ernst H. / Julian Hochberg / Max Black: Kunst, Wahrnehmung, Wirklichkeit. Aus dem Englischen übersetzt von Max Looser. es 860

Haug, Wolfgang Fritz: Kritik der Warenästhetik. es 513

Koppe, Franz: Grundbegriffe der Ästhetik. es 1160

Kris, Ernst / Otto Kurz: Die Legende vom Künstler. Ein geschichtlicher Versuch. Mit einem Vorwort von Ernst H. Gombrich. es 1034

Mayer, Hans: Versuche über die Oper. es 1050

Penck, A. R.: Mein Denken. es 1385

Platschek, Hans: Porträts mit Rahmen. Picasso, Magritte, Grosz, Klee, Dali und andere. es 1086

Warenästhetik. Beiträge zur Diskussion, Weiterentwicklung und Vermittlung ihrer Kritik. Mit Beiträgen von Wolfgang Fritz Haug u.a. es 657

Was ist ein Bild? Herausgegeben von Gottfried Boehm. Mit zahlreichen Abbildungen. es 1494

Wellmer, Albrecht: Unversöhnliche Moderne. Kunst und Politik. es 1628

309/1/6.90